COLLECTION FONDÉE EN 1984
PAR ALAIN HORIC
ET GASTON MIRON

TYPO EST DIRIGÉE PAR
PIERRE GRAVELINE

AVEC LA COLLABORATION DE
ROBERT LALIBERTÉ
SIMONE SAUREN
ET JEAN-YVES SOUCY

D1092940

TYPO bénéficie du soutien de la Société de développement des entreprises culturelles du Québec (SODEC) pour son programme d'édition.

Gouvernement du Québec – Programme de crédit d'impôt pour l'édition de livres – Gestion SODEC.

Nous reconnaissons l'aide financière du gouvernement du Canada par l'entremise du Programme d'aide au développement de l'industrie de l'édition (PADIÉ) pour nos activités d'édition.

Nous remercions le Conseil des Arts du Canada de l'aide accordée à notre programme de publication.

JE SUIS FATIGUÉ

DANY LAFERRIÈRE

Je suis fatigué

12,95

Récits

TYPO

Éditions TYPO
Une division du groupe Ville-Marie Littérature
1010, rue de La Gauchetière Est
Montréal, Québec H2L 2N5
Tél.: (514) 523-1182
Téléc.: (514) 282-7530
Courriel: vlm@sogides.com

Maquette de la couverture: Ann-Sophie Caouette
Photo de la couverture: Olivier Hanigan

Catalogage avant publication de Bibliothèque et Archives Canada

Laferrière, Dany
Je suis fatigué
Nouv. éd. rev. et augm.
ISBN 2-89295-212-3
I. Titre
PS8573.A348J48 2005   C843'.54   C2005-941465-0
PS9573.A348J48 2005

DISTRIBUTEUR EXCLUSIF:

• Pour le Québec, le Canada et les États-Unis:
LES MESSAGERIES ADP*
955, rue Amherst
Montréal, Québec
H2L 3K4
Tél.: (514) 523-1182
Téléc.: (450) 674-6237
* Filiale de Sogides ltée

Pour en savoir davantage sur nos publications,
visitez notre site: **www.edtypo.com**
Autres sites à visiter: www.edhomme.com • www.edjour.com
www.edvlb.com • www.edhexagone.com • www.edutilis.com

Édition originale:
© Dany Laferrière, *Je suis fatigué*,
Montréal, Lanctôt éditeur, 2001.

Dépôt légal: 4e trimestre 2005
Bibliothèque nationale du Québec
Bibliothèque nationale du Canada

Paresse : habitude prise de se reposer
avant la fatigue.

JULES RENARD

Mon éditeur

Il s'assoit près de moi, tout essoufflé. Le front en sueur et la chemise jaune froissée.

– Je savais que je te trouverais ici.

– Alors, il n'y avait pas à s'affoler.

– Pourquoi tu ne réponds pas à mon courrier?... C'est pas toi, ça!

– Faut croire que j'ai changé.

– Si brusquement... Qu'est-ce qui est arrivé?

– Justement rien.

– Tu sais que je ne suis pas le genre d'éditeur à vouloir un livre par an.

– J'en ai publié un par an.

– C'était bien... Maintenant, tu veux souffler. Je peux comprendre ça.

– Alors qu'est-ce que tu voulais me dire dans ta lettre?

– Que tu m'expliques un peu... Tu n'es pas malade?

– Je ne me suis jamais senti aussi bien.

Un couple s'embrasse sur le gazon. Un chien, tout excité, tourne autour d'eux.

– Un écrivain a toujours quelque chose dans la poche, gémit-il.

Je me lève pour lui montrer mes poches vides, ce qui le fait sourire.

– Tu es sûr que tu n'as pas quelques poèmes cachés quelque part ?

– Tu veux des poèmes maintenant ?

Il me jette ce regard de naufragé. Je ne savais pas que le fait presque intime d'arrêter d'écrire pouvait plonger quelqu'un d'autre que moi dans un tel désespoir.

– Une pièce de théâtre ?

Il semble vraiment désespéré.

– Non… Il ne reste que moi-même. Le problème c'est qu'on ne pourrait pas me multiplier. Il n'y a qu'un exemplaire disponible.

On reste un moment sans rien dire.

– Qu'est-ce que tu vas faire maintenant ?

– C'est la question que tout le monde me pose. C'est bizarre, avant on ne me posait aucune question.

– C'est normal, on ne te connaissait pas.

– Comme ça, on me connaît maintenant ?

– Sûrement mieux qu'avant.

– On ne sait de moi que ce que j'ai bien voulu qu'on sache.

Il me fait ce sourire si chaleureux.

– Oh, je ne te crois pas. Tu joues au cynique. Tu sais bien qu'on se livre toujours un peu dans ce qu'on écrit… Je voulais simplement te faire savoir que j'attends ton manuscrit. Tu peux prendre le temps que tu voudras. Je serai là…

– C'est fini, mais je te remercie quand même.

Il se lève pour partir, me serre la main.

– Tu es vraiment sûr qu'il ne reste plus rien ?...

Je secoue négativement la tête.

– Rien, rien, rien ?...

– Non, rien d'intéressant...

Il se rassoit tout de suite.

– Qu'est-ce que tu veux dire par là ? Tu as un manuscrit ?

– Je voulais te faire marcher.

Le couple se lève pour partir. La jupe de la fille est un peu froissée par-derrière. Ils s'arrêtent près de la fleuriste, à l'entrée ouest du parc. Le chien reste un moment à se rouler dans l'herbe, avant de filer comme une flèche derrière eux.

– J'aimerais que tu me promettes au moins une chose : ne donne aucun texte à personne d'autre.

– Mais puisque je n'ai rien...

– Tu me le jures... Entre nous, pourquoi tu t'arrêtes quand ça semble marcher si bien maintenant ?

– Je suis fatigué d'être un écrivain. Ce n'est pas une vie normale, mon vieux.

– Mais aucune vie n'est normale !

– Celle-là encore moins que les autres.

– Je ne veux pas trop t'embêter, dit-il en s'en allant finalement... Prends ton temps. Ce sera quand tu veux.

Je le regarde un moment traverser le parc, les cheveux sur la nuque. Le dos légèrement voûté. Déjà. Quand on a commencé ensemble, il y a à peine quinze ans, c'était un fringant jeune homme mince au verbe incendiaire. Il est resté toujours aussi passionné, mais cela n'a pas empêché le temps de filer, semble-t-il. Il s'arrête un moment, semble réfléchir, pour revenir vers moi d'un pas décidé.

– Je croyais qu'on s'était tout dit.

– J'ai une idée, lance-t-il avec une sorte de conviction qui m'effraie.

Il s'assoit.

– Si tu faisais un livre...

– Mais...

– Un dernier.

– J'ai déjà fait le dernier.

– Non, un livre pour dire que tu ne fais plus de livres.

– C'est cela ton idée !

– Sinon les gens vont t'embêter sans arrêt avec cela. Il faut qu'ils sachent que tu ne veux plus écrire (il s'arrête de parler un moment). Tu m'excuses, mais je n'arrive pas à accepter l'idée que tu n'écriras plus. Ça me fend le cœur, j'ai de la difficulté à m'y faire. Si tu veux savoir, je trouve ça même criminel...

Il me regarde comme si je lui avais annoncé que j'avais le cancer. J'ai l'impression d'assister à mes propres funérailles. Je suis tout content de le voir si malheureux.

– Bon, bon, je comprends et même j'accepte, mais il faut un dernier livre... Les musiciens font ça, ils jouent toujours une dernière pièce.

– Pour dire quoi ?

– Je ne sais pas moi, tu pourrais parler de toi.

– C'est déjà fait abondamment. C'est précisément de moi que je veux prendre congé.

Son visage devient tout de suite cramoisi.

– Tu ne penses pas à te suicider ?

– Oh non, ne t'inquiète pas, les Haïtiens ne se suicident pas, en tout cas jamais à cause de la littérature...

– Tu peux parler de tes origines…

– Je vais finir par croire que tu n'as pas lu mes livres… Je n'ai fait que ça ces dix dernières années… Tu vois bien qu'il n'y a plus rien à dire.

– Quand je n'ai plus rien à lire, lance-t-il sur un ton passionné, alors je relis.

– Quand il n'y a plus rien à dire, tu me conseilles de redire ?

– C'est ce que font tous les grands écrivains. Même ton ami Borges…

Il sent que je commence à vaciller.

– Tu pourrais parler des écrivains que tu aimes, tiens, de Borges, de ton parcours, de ta vision du style, des femmes de ta vie, je ne sais pas moi, de tous ces sujets qui t'ont tant occupé ces dernières années. Je me souviens que tu m'en parlais tout le temps. Si ça m'intéresse, ça peut intéresser les autres aussi.

– Je n'ai plus la force de…

– Oh, personne ne parle d'un livre de cinq cents pages.

– Plutôt cinquante.

Il fait la moue.

– C'est difficile de faire passer cinquante pages. Les distributeurs n'aiment pas ça.

– Je n'ai pas dit que j'écrirais de livre non plus, je lui réponds un peu vexé.

– On s'est bien amusés à faire ces bouquins, n'est-ce pas ?

– C'est vrai.

– Alors, un dernier. Juste pour le plaisir.

Un long moment de silence.

– D'accord…

– Magnifique !

– Mais je ne veux pas qu'on le vende, celui-là. Ce sera uniquement pour dire que je n'écrirai plus.

Il ne prend pas la peine de réfléchir. C'est ce qui m'a toujours impressionné chez lui : cette absence totale de calcul financier. En tout cas, en quinze ans, on n'a jamais eu une seule discussion à ce sujet.

– D'accord, on ne le vendra pas.

Marché conclu. Il retourne à sa voiture, garée devant le café Cherrier. Tiens, tiens, il n'est plus voûté.

Chapitre premier

Le parc

Le square Saint-Louis

Je suis assis, au square Saint-Louis, comme il y a vingt ans quand j'ai pris la décision de commencer mon premier roman. C'est un minuscule parc entouré de grands arbres feuillus, avec un jet d'eau au milieu, tout cela en plein cœur de Montréal. Il y a vingt ans, on ne rencontrait ici que de jeunes drogués, des prostituées de seize ans qui ont fui leur banlieue natale pour s'enfoncer tête baissée dans la jungle du centre-ville, et les jeunes hippies qui arrivaient des autres provinces du Canada (surtout les Maritimes et les Prairies) après avoir passé l'été à cueillir des pommes dans les plaines de l'Alberta. Bien sûr, il ne faut pas oublier les vieux clochards titubants qui font quotidiennement la tournée des parcs de la ville à la recherche de bouteilles de bière laissées à moitié vides dans les poubelles. Quelques amoureux se bécotant sur les bancs publics. C'était la faune d'alors. Aujourd'hui, la police a bien nettoyé tout cela, et ce sont les familles bon chic bon genre des petites rues ombragées des environs qui occupent le parc. Me voilà assis tranquillement sur ce banc, faisant ainsi dos à la rue Saint-Denis. J'ai l'air de regarder les gens, mais en réalité je ne distingue que des silhouettes floues. Seules les puissantes couleurs primaires parviennent à m'atteindre : le vert des arbres, le rouge des lèvres des jeunes filles qui passent devant moi en dansant, le jaune des robes en été.

– Qu'est-ce qui t'arrive là ? me demande ce grand maigre en se glissant près de moi... Je t'observe depuis un moment...

– Rien. Je n'ai rien.

Il me jette ce regard intense, comme s'il essayait de pénétrer au plus profond de moi-même. Mais il est lui-même trop faible pour supporter plus longtemps une telle dépense d'énergie.

– Rien quoi ?

Je continue à le regarder droit dans les yeux. Cela fait près de vingt ans que je fréquente ce parc. Je sais donc que le plus minable camé peut se révéler très dangereux s'il sent chez vous la moindre faiblesse.

– Ah, je vois, dit-il en s'en allant.

Il m'a pris pour un dealer de coke attendant calmement qu'un éventuel acheteur se présente. La drogue étant le seul commerce où c'est à l'acheteur de franchir tous les obstacles pour trouver le vendeur (selon Burroughs, « le dealer ne vend pas son produit au consommateur, il vend le consommateur à son produit »). Dans ce cas-là, la littérature, contrairement à ce que l'on dit, n'est pas une vraie drogue.

LA TÉLÉ

Un jeune homme blond prématurément vieilli s'approche de moi.

— Je croyais que tu étais rentré chez toi, me lance-t-il.

— Chez moi où ?

Il se donne un coup de poing au front.

— Je ne sais même pas d'où tu viens.

— Et tu voudrais que j'y retourne.

— Je m'en fous, dit-il en crachant par terre.

Je me souviens très bien de ce type quand il venait d'arriver au parc, il y a quinze ans. C'était un jeune fermier bien musclé de l'Alberta. Il en avait marre de traire les vaches et de ramasser des pommes. Il a pris un sac de couchage, quelques fruits séchés pour faire la route. Il a passé tout l'été 1985, couché sur le gazon, à lire *Le Prophète* de Khalil Gibran. Grand, beau, blond : les filles étaient dingues de lui (je me souviens en particulier d'une jeune étudiante en médecine à McGill qui a passé l'année au parc à le regarder). Lui, il ne s'intéressait qu'aux écureuils qu'il nourrissait quotidiennement. Puis la bière est arrivée. Il a fallu quinze ans pour faire de ce jeune dieu nordique une épave. Là, il est encore au square Saint-Louis, mais dans très peu de temps, il va commencer la grande descente. La glissade vers le sud, jusqu'à ce petit parc sale, à côté du métro Beaudry. La dernière station avant l'errance absolue. La question c'est : Pourquoi le jeune Nègre a pu s'en sortir quand le jeune Blanc y a laissé sa peau ? L'instinct de survie. Il n'y avait rien de romantique dans le fait que je vivais dans le coin. Si les Nègres ont pris l'habitude de se rassembler dans les quartiers d'artistes, ce n'est surtout pas parce qu'ils ont l'âme lyrique, mais simplement parce que dans ces coins-là on leur fiche un peu plus la paix qu'ailleurs. À force de se frotter aux vrais artistes, c'est-à-dire à ceux qui ont foutu le camp de cette vie familiale qu'ils considéraient trop étroite pour l'immense appétit de vivre qui les habitait ou encore à ceux qui ont quitté, en pleine nuit, leur petite ville de province trop bornée pour se lancer dans la vie de bohème du Quartier latin, eh bien c'est à force de se frotter à ces étranges oiseaux que le jeune immigrant a fini par écrire un livre. Des fois, il a l'impression que c'est une façon de justifier sa présence dans la zone. Au fait, je crois fermement que je n'aurais jamais écrit si j'avais pu m'établir dans un quartier plus décent. La différence avec ces jeunes gens, c'est que j'ai écrit pour sortir de ce trou minable et tenter de me rendre jusqu'à ces bungalows qu'ils venaient de quitter. C'est cela qui m'a permis en quelque sorte de traverser ces terribles années 1980. L'art est un but pour eux. Il leur permet de se sentir différents de leurs parents. Il facilite leur révolte. En un sens, c'est un jugement qu'ils portent sur la génération précédente. À Montréal, je n'avais personne. Aucun témoin. J'étais seul, et c'est ce qui m'a sauvé.

Je le vois revenir vers moi en titubant légèrement.

– Je n'ai pas voulu te vexer tout à l'heure. C'est que je te voyais tout le temps dans le parc, et puis un jour, pfuittt, disparu… Où étais-tu passé ?

– À la télé.

Il sourit largement. Un trou dans la bouche (les incisives manquent).

– Et qu'est-ce que tu faisais à la télé ?

– Je parlais.

Les yeux lui sortaient de la tête.

– Pourquoi on t'invitait ?

– J'avais écrit un bouquin.

Il me jette un rapide coup d'œil méfiant.

– Tu te fous de ma gueule ! C'est quoi ton bouquin ?

– Un truc qui racontait ma vie ici, dans le parc.

– Je suis là-dedans.

– C'est plutôt les filles.

– Merde... Et comment as-tu eu l'idée d'écrire un livre ?

– Je ne sais pas faire grand-chose d'autre.

– Et comme ça, tu as passé quinze ans à la télé...

– Oui, quinze ans à dire des conneries.

Il s'est mis à rire et à tousser.

– Moi qui pensais que tu étais retourné dans ton pays... Tu me fais pas marcher, hein !

Il semble réfléchir intensément. Son visage s'illumine.

– Pourquoi n'es-tu pas à la télé en ce moment ?

– Je n'en ai plus envie.

Soudain, il s'approche très près de moi. Je sens son haleine dans mon visage. Il me regarde droit dans les yeux comme s'il s'apprêtait à me faire une terrible confession.

– Tu sais que je ne suis jamais passé à la télé...

Et il s'en va en crachant de nouveau par terre.

KERO

Une jeune fille arrive dans mon dos. Elle me couvre le visage de ses petites mains si fraîches.

– C'est toi, Kero ?

Elle éclate de rire avant de me faire au cou un baiser pointu.

– Comment as-tu fait pour me reconnaître ?

– Ton odeur.

– Mon odeur ! Mais cela fait si longtemps... Je me demandais même si tu allais te souvenir de moi.

– Je ne me souviens jamais des noms. J'ai plutôt une mémoire des sens. L'odeur de ton corps (elle rougit violemment), le goût du saké que tu m'as fait connaître un jour de pluie, le satin de ta peau que ma main ne pourra jamais oublier.

Elle rit (ce rire de gorge qu'elle a toujours pour exprimer un certain malaise). Elle semble à la fois gênée et flattée. Un sentiment assez épuisant.

– Je vis depuis quelques années à Vancouver, mais je te vois souvent à la télé. J'ai même vu, une fois, dans un avion, le film qu'on a tiré de ton roman.

Elle se remet à rire. Quand je l'ai connue, elle ne parlait presque pas. Elle n'avait qu'un mode d'expression : le rire. Elle possédait une vaste gamme de modulations, allant du plus aigu au plus grave. C'était à peu près son unique forme de langage. Elle riait pour exprimer la joie, la peine, le désir, le plaisir, la gêne (très souvent) ou la douleur. Il lui arrivait aussi de faire des mélanges assez corsés : la douleur et le plaisir, la gêne et le désir ou la joie et la peine. J'avais fini par pouvoir décoder son rire.

– Pourquoi tu ris là ? (J'ai perdu le code.)

– Je n'ai pu voir que dix minutes de ton film. C'était si mauvais que je me suis immédiatement endormie.

– C'est ce que je pense aussi. Un puissant somnifère. Je crois que c'est en fonction de cela qu'on choisit de projeter les films dans les avions.

Vrai éclat de rire exprimant un plaisir inattendu.

– Tu n'as pas changé finalement, fait-elle avec ce fin sourire de Mona Lisa nippone.

– Toi non plus, lançai-je un peu étourdiment.

Un léger nuage voile son visage.

– Non, j'ai changé, dit-elle doucement.

Je la regarde plus attentivement. C'est vrai qu'elle a changé. Son visage semble plus dur qu'avant. Un air vraiment décidé. Plutôt une femme d'affaires.

– Tu as raison... Autrefois, tu ne parlais presque pas.

Elle a ce rire bref et sec que je ne lui connaissais pas.

– Qu'est-ce que tu fais maintenant, Kero ?

– Je suis styliste.

– Moi aussi.

– Je fais des vêtements, précise-t-elle.

Elle se couvre vivement la bouche de sa main droite pour s'empêcher de rire. Le rire qu'elle a chaque fois qu'on lui demande de parler d'elle.

– Non, ça ne t'intéressera pas... Qu'est-ce que tu fais en ce moment ? Es-tu en train d'écrire ?

– Parle-moi plutôt de toi. Comment cela se passe quand tu fais une robe ?

Un long silence.

Ah, j'avais oublié son silence. Kero pouvait rester des heures sans parler. Peut-on imaginer cela : un Haïtien bavard qui rencontre une Japonaise terriblement timide ? Elle passait le plus clair de son temps à me regarder. Je n'ai jamais su à quoi elle pouvait bien penser dans ces moments-là. Je la revois assise près de la fenêtre de cette pauvre chambre que j'occupais avec Roland Désir, cet ami que j'ai surnommé dans mon premier roman... Ses yeux (on dirait des paupières sans cils qu'on aurait ouvertes avec une fine lame de rasoir). Ce regard noir comme un gouffre aspirant tout ce qui bouge. J'étais autant fasciné par son silence qu'elle l'était par mon bavardage. Elle pouvait sortir d'un silence disons léger pour tomber dans ce très profond trou noir dont je ne suis jamais arrivé à déterminer la nature. Le reste du temps, elle s'exprimait par le rire. Le vocabulaire de ce langage semble au préalable très simple, sommaire même, par contre sa syntaxe se révèle diablement complexe. Qu'est-ce que j'ai mis du temps à le comprendre ! Et je n'ajouterai rien à propos de son sourire. Là, le mystère est complet. Je parle ainsi, mais peut-être que pour elle je suis encore plus mystérieux qu'elle pour moi. La parole peut cacher beaucoup plus que le silence. On relève rarement le mystère des sentiments sans nuances, de l'absence d'ombres, de la lumière trop vive. Borges parle quelque part des aventures secrètes de l'ordre et de la raison. C'était peut-être à cela qu'elle pensait, assise près de la fenêtre à me regarder sans ciller. Pourtant, elle écrivait un français châtié, n'hésitant pas à affronter les temps des verbes les plus difficiles. Je restais souvent baba devant les billets truffés de subjonctifs et de conditionnels qu'elle laissait dans ma boîte à lettres.

– C'est d'abord le tissu qui doit me toucher au plus profond de moi-même. Sa matière. Je peux passer des heures à le caresser. Plus tard, je vais m'asseoir près de l'étang. Une eau profonde et noire, pas

loin de ma petite ferme. L'eau m'a toujours étrangement attirée.

Elle s'arrête un moment, tout étonnée d'avoir
tant dit. Je reste sans bouger, comme quelqu'un qui
observe un oiseau, sachant qu'au moindre bruit il
pourrait s'envoler.

— Je ferme les yeux, continue-t-elle, pour tenter
de mieux visualiser la robe dont je sens la présence
autour de moi. Pour moi, chaque robe a une vie
propre qui dépend en partie de moi. Cela ne prend
pas longtemps pour que je tombe alors dans un état
second, et à un moment donné, si c'est un jour de
grande chance, je peux voir passer la robe sur quelqu'un. C'est souvent sur une femme que j'ai déjà
vue quelque part : à une exposition, à une première
de théâtre ou à une fête quelconque… Je me dois de
fréquenter ces endroits-là pour mon travail. Mais je
ne vais jamais dans un défilé de mode. Je n'aime pas
non plus les gens qui fréquentent ce genre de foire.

— Pourquoi tu ne prends pas n'importe quelle
femme ? Quelqu'un que tu aurais remarqué dans la
rue, comme ça.

Elle a ce sourire si triste.

— C'est que mes robes coûtent très cher.

— Qu'est-ce que tu fais après que tu as vu la robe
sur cette femme ?

— Après, je rentre à la ferme. Je laisse passer
quelques jours avant d'aller à l'atelier, le temps de
m'assurer que c'est une véritable obsession. Pendant
que tout cela germe en moi, je m'occupe de mon jardin de légumes et de mes canards. Puis, un matin, je
sens que c'est le moment.

Elle touche légèrement son ventre.

– Alors je pense que c'est le temps d'appeler cette personne que j'ai vue passer avec la robe pour lui dire que j'aimerais lui faire une robe.

– Comment cela se passe ? Elle accepte ?

Un rire en cascade, suivi d'un long moment de silence que j'évite de rompre. Décidément, cette fille finit toujours par m'imposer son tempo.

– Tu sais, Kero, je crois de plus en plus que nous faisons le même métier.

– Comment cela ! Je ne comprends pas...

– Bon, c'est la même chose, seulement, moi, mon tissu c'est la langue. Le livre étant le vêtement. Et je te signale que j'utilise aussi une paire de ciseaux afin de donner une certaine forme à mon bouquin. Quand je sens monter en moi une histoire, je vais toujours me balader, sans trop chercher à savoir où mes pas me conduisent. Et après, exactement comme toi, je laisse passer un long moment afin de m'assurer que ce n'est pas une toquade, mais une véritable obsession. J'attends que cela fasse partie de mon être, que cela me devienne aussi nécessaire que l'oxygène. Ce n'est qu'à ce moment que je commence le livre. Tu vois que nous ne sommes pas si différents.

Elle me regarde avec une extrême gravité, et cela me rappelle les jours tranquilles de cette époque où je n'étais qu'un jeune tigre affamé qui tournait en rond dans cette cage ethnique où le ministère de l'Immigration m'avait inconsidérément placé. Je retrouve ce même visage terriblement tendu. Ses yeux brûlants de fièvre. J'imagine ce sang bouillonnant lui courant dans les veines. Pendant que son visage reste aussi placide qu'une flamme dans un espace sans vent. Cette minuscule fille est une vraie passionnée.

– C'est étrange ce que tu dis là, finit-elle par murmurer.

Il y a cet aspect important de son caractère que j'avais complètement oublié : le sexe. C'était d'ailleurs le seul langage, à l'époque, qui nous unissait vraiment. Là, elle était très active, très directe (elle savait exactement ce qu'elle voulait) et elle pouvait passer des journées entières à faire l'amour. Elle m'avait appris que si en Occident, au moment de jouir, on dit : « Je viens, je viens », au Japon, ils disent plutôt : « Je m'en vais, je m'en vais » ou quelque chose d'équivalent. J'avais quand même remarqué qu'on bégayait dans les deux cas.

– La seule différence qu'il y a entre nous c'est que toi, Kero, tu as vu ta cliente avant même de faire la robe. Alors que moi, je ne rencontre mon lecteur qu'après. De plus, je n'ai pas qu'un seul lecteur. Et c'est, d'après moi, là que se trouve le nœud du problème. Depuis la découverte de l'imprimerie, le métier d'écrivain est devenu d'un commun ! Avant, on écrivait un livre qu'on allait présenter ensuite au roi, ou à un prince, ou tout simplement à un riche mécène, en tout cas à toute personne capable de pouvoir faire vivre l'artiste. Comme pour ta robe. Et quand quelqu'un met un tel prix sur un livre, tu peux être sûr qu'il en prendra soin. Aujourd'hui, on le vend au détail sur les étals des librairies. Autrefois, il fallait toute une vie pour prendre totalement connaissance d'un manuscrit. Et son propriétaire ne le confiait qu'à des érudits qui le manipulaient avec beaucoup d'attention.

– Je ne comprends pas ce que tu dis, fait Kero en secouant la tête furieusement comme une gamine qui refuse de manger ses légumes, parce que, moi, j'adore lire et j'ai toujours l'impression, en lisant un livre que j'aime, qu'il a été écrit pour moi.

— D'accord, Kero, mais imagine un peu que ce livre n'existe nulle part ailleurs que sur ta table de chevet, imagine que l'auteur l'a écrit uniquement pour toi.

— Tu es fou! Jamais, je ne pourrai me payer un tel luxe!

Un type qui me souriait depuis un certain moment s'approche délicatement de moi pour un autographe. Je ne pourrai jamais m'habituer à une pratique qui semble remonter à une époque où l'écrivain était un être sacré. Faut dire que maintenant, il suffit de passer plus de trois fois à la télé pour qu'on vous demande de griffonner votre nom sur un bout de papier généralement graisseux (bien sûr, il y a les professionnels qui apportent leur livre d'or). Je le fais sans aucune réticence tout en m'interrogeant sur la nature d'un tel jeu. La plupart du temps, je trouve mon nom tellement dérisoire que je signe Fellini. Cette fois-ci, j'ai signé Woody Allen. Le type m'a remercié avant de s'en aller.

— Pourquoi t'as fait cela? C'est pas gentil!

— Qu'est-ce que j'ai fait?

— Tu ne t'appelles pas Woody Allen!

— Je me sentais Woody Allen à ce moment-là. Je suis ce type qui raconte des blagues déprimantes sur lui-même uniquement pour dérider les désespérés.

— Et il t'arrive d'être d'autres personnes comme ça?

— S'il te plaît, ne prends pas ce ton de psy avec moi, je suis un artiste comme toi (elle rougit violemment)... Oui, certains soirs, je suis Fellini. Federico

Fellini. Et je donnerais toute ma vie pour avoir fait un film comme *Amarcord*.

– Bon, dit-elle après un silence convenable, je vois que je ne suis pas seule.

– Bien sûr que tu n'es pas seule, chère Kero, et on est beaucoup plus nombreux que tu le penses. C'est une secte sans gourou puisqu'on travaille dans la vanité. Tu te croyais sans vanité, toi ?

– Oh, moi, je ne suis que vanité, lance-t-elle d'une voix haute et claire (un ton si rare chez elle) comme quelqu'un qui fait une confession publique.

Un écureuil saute d'un arbre sur le banc pour se lancer tout de suite par terre à la poursuite d'un autre écureuil. Leur ballet est si vif et joyeux qu'il a rendu immédiatement banale notre discussion sur la vanité. Le mouvement même de la vie.

– J'avais lu une fois, Kero, cette histoire qui m'avait bien charmé, mais je te préviens que la fin est triste.

– Oh, j'espère que je vais pleurer, dit-elle en riant.

– Un type avec une tête de poète rencontre un écrivain avec un crâne rasé. L'écrivain lui dit tout de go : « Toi, tu devrais écrire. » L'autre répond à peu près que ça ne l'intéresse pas trop. L'écrivain insiste : « Écris pour moi alors. » L'autre finit par consentir. Il se met à écrire des bouts de poèmes, des monologues, des collages, tout un fatras qu'il envoie de temps en temps à l'écrivain.

– C'est une histoire magnifique ! lance joyeusement Kero. Pourquoi as-tu dit que la fin était triste ?

– Attends un peu… Un jour, quelqu'un découvre les poèmes, en fait un paquet qu'il amène à un éditeur.

Le livre sort. Plus de deux millions de lecteurs. Tu ne trouves pas ça triste ? Avant, il n'avait qu'un lecteur, le plus sensible, avec qui il avait cette relation particulière, et maintenant c'est la foule anonyme.

– Tu les connais, ces deux-là ?

– Oui, mais étant de culture plutôt anglo-saxonne, je doute que tu les connaisses... Le lecteur s'appelait Henri Michaux, et c'était l'un des esprits les plus indépendants du XXᵉ siècle. Et le poète Jacques Prévert.

Son visage s'illumine.

– Bien sûr que je connais Prévert. J'ai appris le français en lisant ses poèmes, comme beaucoup de jeunes au Japon d'ailleurs. Là-bas, c'est soit Sagan soit Prévert. Moi, j'avais choisi Prévert. Si on n'avait pas publié ses poèmes, je n'aurais jamais pu poursuivre mon cours de français qui était si ennuyeux. Prévert m'a fait rire. Je ne suis pas du tout d'accord avec ton idée, sinon il n'y aurait que les riches à avoir accès à la littérature.

– Qu'est-ce que tu as contre les riches ?

Elle me regarde fixement pendant une bonne trentaine de secondes.

– Qu'est-ce qui t'arrive ?

– Quoi ! Rien. De quoi tu parles ?

– Je ne te comprends pas. Tu dis des choses étranges. Es-tu en train de me dire quelque chose que je n'arrive pas à piger ?

C'est à mon tour de faire silence. Ce qui fait monter d'un cran son inquiétude.

– Qu'est-ce qui se passe ?

Je regarde un long moment devant moi, sans rien voir de particulier.

– Je suis fatigué.

– Repose-toi alors.

– Non, ce n'est pas une fatigue qui se contenterait d'un repos.

Elle allait ajouter quelque chose quand, subitement, elle choisit de se taire. Au fond, elle n'a pas changé tant que cela. Elle a toujours gardé en elle cette force de caractère qui m'avait tant impressionné dès notre première rencontre à cette petite soirée chez Hélène de Billy. Kero est capable de s'arrêter en plein milieu d'une discussion, d'une action ou même d'une passion. Voilà une chose que je ne pourrai jamais faire. (C'est peut-être son passage dans ma vie qui m'a permis d'envisager un acte aussi audacieux que celui que je tente aujourd'hui : tout arrêter en plein vol. C'est un acte zen.) J'aime plutôt que les choses se terminent en douceur. Les gens aussi déterminés que Kero me font toujours un peu peur. Je me souviens de cette fin d'après-midi que nous avons passée ensemble dans la petite chambre de la rue Saint-Denis, à deux pas d'ici, là même où j'ai écrit mon premier roman. Nous sommes restés longtemps, ce soir-là, à boire, à parler (disons que je parlais et qu'elle riait), quand tout à coup, sans aucune raison apparente, elle s'est arrêtée de boire et de rire pour plonger dans un si profond silence qu'il me semblait sans fin. Je revois encore son visage à la fois grave et tendre sur fond de crépuscule sanglant. Malgré tous mes efforts, elle refusait de desserrer les dents (je me demandais même quelle connerie j'avais dite qui l'aurait choquée à ce point), et ce n'est qu'après deux heures et demie qu'elle consentit à murmurer : « Je me sens si émue par la douceur du soir. » Et là, maintenant, elle me refait le même coup. Cette fois, j'ai décidé de l'attendre. Je ne ferai aucun geste pour l'obliger à parler avant qu'elle se décide à le faire. Deux monstres de silence assis l'un en face de l'autre. Combien de temps pourrai-je tenir dans ce nouveau rôle ? C'est effrayant tout ce qu'on peut entendre quand on se tait. Tous les bruits du parc me pénètrent. Je me sens comme une éponge. Comment retenir le flot de paroles qui veut sortir de ma poitrine ? les mots qui se bousculent dans ma tête ? Quel embouteillage ! Je commence à respirer difficilement. Finalement, elle se lève pour partir. Va-t-elle s'en aller sans dire un mot ? Je ne crois pas que je pourrais le supporter. Je sens que je vais craquer. Non, je ne dirai rien. Je ne parlerai pas, cette fois. Elle se baisse pour m'embrasser (encore ce baiser pointu) et au moment de se relever elle me glisse à l'oreille :

– Tu sais que je suis très jalouse de ta fatigue.

CHAPITRE II

La chambre d'écrivain

LA RUE SAINT-DENIS

Le bruit sourd des voitures roulant sur la rue Saint-Denis. Ma rue fétiche. J'ai arpenté pendant si long-temps cette rue bordée de restaurants indiens, grecs ou libanais, de petites librairies de livres usagés, d'épiceries de produits exotiques, de magasins de ba-tik. Surtout la section qui se trouve au sud de la rue Sherbrooke : arrivé là on n'a plus qu'à se laisser glis-ser jusqu'à la rue Ontario (la petite pente peut se ré-véler dangereuse en hiver si les cols bleus de la ville oublient ou tardent à jeter du sel sur le trottoir cou-vert d'une mince couche de glace). C'est ici que com-mence mon territoire. C'est incroyable comme cela se passe. On débarque dans une ville. Au début, on n'y comprend rien. Aucun repère. Surtout dans mon cas, où le nouveau s'opposait si violemment à l'ancien : je venais d'un pays de Nègres où il fait chaud presque tout le temps pour tomber dans un pays de Blancs où il fait froid presque tout le temps. Tout avait changé autour de moi. D'abord la notion du temps est si différente chez moi. Au Québec, les gens courent après le temps, essayant désespérément de le rattraper, alors qu'en Haïti on tente quotidiennement de le tuer. Et cette vision du temps ne découle pas d'un plus grand respect des autres au Québec, ni de cette mythique efficacité nord-américaine, ce n'est tout au plus qu'une des conséquences de la rigueur de l'hiver. Il n'est tout simplement pas recommandé de faire attendre quiconque dehors quand la température frôle les -20 °C (bien sûr, on pourrait passer le temps dans un bar bien chauffé). Dans un pays chaud, la rue est un théâtre si vivant que la personne qui vous attend ne risque pas trop de s'ennuyer. C'est tellement vrai que j'ai remarqué qu'en été sur la rue Saint-Denis, assis à la terrasse d'un café avec une salade César et un verre de vin rouge, on devient définitivement plus indulgent pour les retardataires. Cela faisait un peu plus d'un mois que j'étais à Montréal quand je suis tombé par hasard sur la rue Saint-Denis. Et mon regard sur cette ville a tout de suite changé. À partir de ce moment, je me suis identifié à Montréal. C'était devenu ma ville. Voilà un endroit où, enfin, je rencontrais sans cesse des gens à qui je n'avais pas à expliquer ma vision du monde. J'imagine que c'est le même sentiment que doit éprouver un jeune homosexuel qui, après avoir quitté sa banlieue conservatrice, débarque un matin dans le village gay. De l'air ! On se dit qu'on est enfin chez soi. Et là (dans cette section au sud de la rue Ontario), on trouve les petits cafés où l'on peut rester des heures à siroter un simple thé, sans trop se faire emmerder par des serveurs ailleurs si agressifs. Je me tenais souvent au café La Galoche, un petit bar assez moche, pas loin du boulevard De Maisonneuve. Une douzaine de tables jetées pêle-mêle dans une minuscule pièce assez sale, mal aérée et mal chauffée où il fallait garder nos manteaux sur nous si on ne voulait pas attraper la crève. Les toilettes étaient placées si près des clients qu'on entendait le bruit que faisaient les gens en pissant. Pour descendre à La Galoche, je passais devant la librairie Québec-Amérique, où une des filles de la libraire, Dominique, m'offrait souvent un bouquin (en poche tout de même) qu'elle me laissait choisir. À l'époque, mes dieux étaient Borges, Bukowski, Gombrowicz, Baldwin, Tanizaki et Montaigne (cela n'a pas changé à part quelques noms qui se sont ajoutés – Limonov, Diderot, Horace, Selby). Je m'installais dans un des coins du café, le plus loin possible de la porte (à cause du courant d'air glacial qui s'engouffrait dans la salle chaque fois qu'un nouveau client arrivait) pour causer longuement avec mon ami Borges. Je ne quittais le café que pour rentrer dans ma petite chambre me préparer un rapide souper.

LE SOUPER

Je suis dans ma petite chambre. Roland n'étant pas là, me voilà donc seul. C'est un moment que j'affectionne beaucoup. Je bouge tranquillement dans la pièce, rassemblant sur la table tout ce dont j'ai besoin pour préparer le souper. J'achetais toujours, une fois par mois chez Pellat's, au coin de la rue, du poulet à bon marché, du riz en gros (on n'a jamais assez de riz), un sac de carottes, de l'huile et une douzaine d'oignons. Et aussi des épices de base : poivre, ail, sel.

Et aussi du persil frais, par simple coquetterie. Je prépare le riz le plus simplement du monde pendant que ma poitrine de poulet, nageant dans un bain de jus de citron avec tout autour des rondelles d'oignon et de poivrons rouges, se fait dorer au four. J'aime faire cuire mon poulet au four (heureusement que je ne payais ni l'électricité ni le chauffage). Cela me donne du temps pour lire. Je sortais un vieux fond de bouteille de vin rouge et je me servais une bonne rasade sans cesser de lire. Je ne lis pas un écrivain, je converse avec lui. Les bagarres mémorables que j'ai eues avec Baldwin à propos de la question raciale aux États-Unis ! Baldwin, bien qu'il soit, à mon avis, l'esprit en activité le plus aigu au cœur de cette fournaise américaine des années 1960 (les années où le sol a commencé à trembler sous les pieds du WASP), m'a semblé s'être trompé sur un certain nombre de sujets importants. À propos de Faulkner, qu'il a accusé d'être un vieux con nostalgique du temps de l'esclavage. Faulkner avait déclaré qu'on risquait de trop brusquer les petits Blancs du sud si on accordait trop vite tant de droits aux Nègres. Bien que je partage l'avis de Baldwin, je continue à penser qu'il avait poussé le bouchon un peu trop loin dans cette histoire. La vérité c'est que Faulkner, en devenant le plus grand écrivain vivant, ne lui accordait que l'espace restreint de l'Amérique noire. Lui, Baldwin, ne pouvait être que le plus grand écrivain noir d'Amérique, et il en était affreusement blessé. En un mot, je sentais une sorte de rancœur derrière les arguments de Baldwin, et plus celui-ci devenait cinglant, moins il avait de chance de me convaincre. Par contre, la discussion était bien lancée sur les rapports compliqués entre la littérature et la politique. Est-il possible qu'un aussi grand créateur de formes nouvelles (un révolutionnaire en quelque sorte) soit en même temps, sur un autre plan, un si pesant conservateur ? Ne devrait-on pas l'écouter plus attentivement, ou devrait-on se dire qu'une bêtise est une bêtise, de quelque bouche qu'elle sorte ? Le débat sur Faulkner avait duré parce qu'il s'agissait de deux sujets qui me passionnaient à l'époque : la littérature et le racisme. Avec Márquez aussi, à qui je reprochais de noyer le poisson dans cette bouillabaisse de mythes qu'est, tout compte fait, *Cent ans de solitude*. Je l'engueulais sur le fait que son péplum (un grand roman, assurément un des plus grands du siècle, je n'en disconviens pas) ne nous apprend pas grand-chose des tourments d'un jeune Colombien aux prises avec les affres du désir ou ce monstre terrifiant qu'est l'ennui. Je dévorais *Cent ans de solitude* comme une bonne mangue bien mûre et bien juteuse tout en me méfiant de ce qui me faisait tant plaisir dans ce livre. Je n'aime pas me sentir pris ainsi, sans possibilité de m'échapper, dans les filets de la séduction (le verbe s'est fait chair). Et le roman de Márquez me semblait irrésistible. Alors j'ai résisté. Je suis différent de Wilde qui avoue pouvoir résister à tout, sauf à la tentation. Je me demande ce que devaient penser mes voisins en entendant mes hurlements (car ce furent de terribles discussions), surtout qu'ils savaient que j'étais le plus souvent seul. Je ne sais lequel (Márquez, Baldwin ou Gombrowicz) m'a lancé, à bout d'arguments, que j'étais lâche de ne pas écrire, et qu'il fallait me mettre moi aussi dans la situation de me faire dépecer par n'importe quel gringalet qui s'ennuie d'être seul dans une chambre minable. Hé ! Jimmy, Gabo, Witoldo, faites pas chier, les gars, je ne suis pas toujours seul. C'est vrai que, des fois, on avait de la visite. Les filles ? Bon, j'ai déjà tout raconté à ce sujet, en épiçant comme il convient, dans mon premier roman. J'ouvre la télé pour mettre un peu d'ambiance dans la pièce car je n'aime pas manger dans le silence. Je prépare la table. Et me voilà prêt à souper seul. J'ai parfois le sentiment de mener une vie de chien, d'être assis là, comme ça, à manger ainsi sans personne en face de moi. Mais souvent cette même situation me donne l'illusion d'être aussi puissant que n'importe quel prince. Alors je me tiens plus droit sur la chaise, laissant flotter sur mon visage un air d'indifférence absolue. Le monde peut s'écrouler, je suis en tête-à-tête avec moi-même. La lune dans la fenêtre. Les bruits étouffés des voitures venant de la rue. Les voix claires des enfants qui continuent à jouer au ballon même dans l'obscurité. Souvent, j'éteins la télé, et je mange dans la pénombre.

COMMENT JE SUIS DEVENU ÉCRIVAIN

Je venais d'arriver à Montréal. Je ne connaissais personne. Un soir de cafard, je suis entré dans ce club de jazz. Nina Simone remplaçait Big Mama Thornton sur la minuscule scène du Rising Sun. Doudou Boicel, le propriétaire de la boîte, m'a tout de suite pris sous son aile.

– Je vais te donner un conseil, me dit Doudou après une bonne rasade de rhum, cherche-toi une fille pendant qu'il est encore temps.

Je le regarde éberlué.

– L'été, ici, c'est la saison de chasse. Toute relation avec une fille doit débuter en été, se consolider durant l'automne pour enfin trouver un nid chaud durant les premiers jours de grand froid.

– Et si on ne trouve personne ?

– Alors, mon petit, lâche Doudou avec un grand éclat de rire, tu te gèleras les couilles jusqu'au printemps prochain.

– C'est dur ici !

– T'as une spécialité ? me demande brusquement Doudou.

– Qu'est-ce que tu veux dire ?

– Un truc pour aborder les filles... Es-tu musicien ?

– Non.

– Tu ne m'aides pas, mon petit, jette Doudou d'un air profondément désolé... On sera obligés d'utiliser le vaudou.

– Je ne sais rien de tout cela.

– Et qu'est-ce que tu sais faire, mon pauvre ami ?

– Je suis lecteur, Doudou, je n'ai fait que ça de ma vie... Je connais par cœur Kafka, Proust, Borges, Dos Passos, Joyce, Bukowski, Montaigne, Roumain, Horace, Baldwin, Dumas, Diderot, Miller, Gombrowicz, Tolstoï, Hemingway, Tanizaki, Depestre...

Doudou me regarde un moment, essayant de voir à quoi peut servir un tel talent. La voix éraillée de Nina Simone fait monter d'un cran ma déprime.

– Non, désolé, ça ne marche pas. Les filles qui aiment lire n'aiment pas forcément les lecteurs. Tu lis, elle lit ; non, l'hiver serait trop long. Tu écris, elle lit, ça sonne mieux. Pourquoi tu n'écrirais pas plutôt, hein ? Tu as assez lu comme ça...

– C'est pas aussi facile que ça, tu sais, Doudou.

– Écoute, tu pourrais faire un effort... Je t'assure que ce ne sera pas aussi facile de passer l'hiver dans une chambre tout seul. Je connais deux Sénégalais qui se sont retrouvés dans un asile psychiatrique pour moins que ça. Boubacar et Diouf n'arrivaient plus à supporter le bruit du vent contre les fenêtres, ni ce froid soleil, ni les arbres sans feuilles, alors un jour de février ils sont sortis nus dans la rue par -30 °C.

Un long silence.

– Mais si on n'a jamais écrit...

– Qui te parle d'écrire ! C'est de ta peau qu'il s'agit.

– Peut-être que je pourrai faire semblant...

– Hé, je ne parle pas d'un baratin pour passer un bon moment. Je te parle d'un tête-à-tête de six mois, car l'hiver dure ici jusqu'à la fin mai. Au bout d'un moment, elle découvrira ton subterfuge et te jettera à la rue.

– Que dois-je faire alors ?

– D'abord accepter le fait que tu es un écrivain.

– Tu veux que je me mente.

– C'est un pari sur l'avenir.

– Je n'ai même pas de machine à écrire.

– J'en ai une vieille dans un coin... C'était à un Ivoirien. Je lui avais conseillé d'écrire, mais ça n'a pas marché, alors avant de rentrer chez lui à Abidjan, il me l'a apportée pour régler son ardoise.

– Ce n'est pas la première fois que tu conseilles à quelqu'un de devenir écrivain.

– Oui, chaque fois que je tombe sur un type qui ne sait ni chanter ni danser... Que veux-tu que je fasse d'un faux Nègre !

– Est-ce qu'au moins l'un d'eux est devenu écrivain ?

– Aucun, lance Doudou avec ce terrifiant éclat de rire… D'un point de vue strictement statistique, tu as toute ta chance.

Le temps de boire un verre de mauvais rhum guadeloupéen.

– Ce rhum est trop bon, jette Doudou. Il vient de mon pays.

– D'accord, tu peux me passer ta machine à écrire.

– Voilà qui est parlé… Je me suis toujours dit que, pour être écrivain, il ne s'agit pas de savoir écrire mais de se trouver au pied du mur.

Il repart à rire, ce qui réveille Nina Simone qui somnolait en interprétant une chanson de Barbara.

– On est écrivain avant d'écrire la première phrase de sa vie. C'est avant qu'on l'est, pas pendant ni même après. Quand on commence à écrire, c'est déjà trop tard.

– Si tu sais tout ça, Doudou, pourquoi tu n'écris pas ?

– Moi, je ne suis pas écrivain. Mon truc c'est de faire marcher cette boîte… Et puis, j'ai toujours du monde autour de moi, alors que je vois l'écrivain comme un être désespéré et seul.

Nina Simone termine au même moment son tour de chant, une cigarette à la bouche et un verre de vin à la main. C'est comme ça que je veux écrire.

L'AMOUR

J'écrivais le matin, nu, généralement après avoir fait l'amour. La fille encore endormie, je tapais comme un dératé sur ma vieille Remington 22 qui a appartenu à Chester Himes. (Celle de l'Ivoirien se révéla complètement déglinguée. Il a dû la lancer trop souvent contre le mur les soirs de cafard.) Je n'arrivais pas à écrire sans une fille dans la chambre à côté. Il y en a qui perdent leur force dans le sexe, moi, le sexe m'ouvre l'appétit littéraire. De temps en temps, je jetais un coup d'œil vers le lit. Une forme longue et douce, sous le drap maculé, çà et là, de larges taches de sperme. J'ai connu une fille qui adorait l'odeur du sperme frais.

Alex entre dans la pièce sans frapper.

– Qu'est-ce que tu fais ? me jette-t-il en se dirigeant tout droit vers le réfrigérateur pour une bière.

Les gens ont la manie de vous poser les questions les plus saugrenues. Vous êtes sous la douche et ils n'hésitent pas à vous demander ce que vous y faites.

– Tu ne le vois pas...

– Qu'est-ce que tu écris ? Pas encore un truc sur le sexe ?

– Mon ami, il y a deux choses qui m'intéressent : le sexe et l'écriture, alors j'écris sur le sexe.

– Moi aussi, ça m'intéresse, dit sombrement Alex, mais quand je glisse un petit passage érotique dans mes nouvelles, mon éditeur me le supprime toujours.

– Et il a raison.

Alex a un léger sursaut.

– Tu défends la censure maintenant !

– Écoute, mon vieux, si tu fais ça uniquement pour mettre un peu de piquant dans ta nouvelle... L'obscénité c'est d'utiliser le sexe à son profit personnel. Le sexe ou toute autre chose. Quand on aime, rien n'est laid.

– Ouais... mais comment le faire savoir ?

– Le style... Le charme... Les gens sentent quand le plaisir est là... Écoute, Alex, je peux écrire ce que je veux, comme je veux et où je veux. Mon seul problème c'est que j'ai plutôt envie d'arrêter.

Alex me regarde d'un air grave, comme un enfant qui assiste à ce qu'il croit être une intolérable injustice.

– Je me demande pourquoi ils te laissent faire et pas moi.

– Tu as l'air de toujours être en train de demander la permission, Alex. Les gens passent leur temps à douter d'eux-mêmes, alors ils veulent croire que, au moins dans le domaine des idées et du rêve, on a tous les droits.

– Tu sais bien, réplique Alex, qu'on n'a jamais tous les droits...

– Bien sûr, mais on peut en donner l'illusion.

– Qu'est-ce que tu racontes là ? Je te croyais un homme libre, et maintenant tu m'apprends que tu triches !

– On peut tout écrire, le problème c'est d'arriver à se faire lire. Le lecteur existe aussi, et il a ses tabous et sa sensibilité. Il aime bien sentir que tu sais qu'il est là.

– On doit constamment faire attention alors ?

– Surtout pas... C'est difficile à expliquer... C'est comme la séduction : l'autre aimerait bien que tu agisses selon son désir, tout en espérant que tu fasses à ta tête. C'est une règle implacable, mais personne n'y peut rien. Il n'y a aucune place pour la morale dans cette histoire. L'amour remplace la loi.

   – Et toi, tu veux être aimé ?

   – Oui, mon vieux, j'écris pour être aimé.

   – Donc ce n'est pas un problème de sexe.

   – Ni d'écriture.

UN RÊVE

La plupart des gens que je connais (surtout ceux que je rencontre dans les cafés) rêvent d'écrire. Mon rêve c'est de ne plus écrire. Je ne pensais pas que ce serait aussi difficile. Il suffit de le dire pour que tout le monde vous tombe dessus. Ceux qui pensent que ce n'est qu'une manière détournée d'attirer l'attention sur soi, ceux qui croient que cette sage décision aurait dû être prise depuis très longtemps (disons un peu avant la publication de mon premier roman), ceux qui sont vraiment désolés ou qui espèrent me faire changer d'avis. Enfin, beaucoup de gens semblent être très concernés par une nouvelle de si petite importance (Calmons-nous, les gars, ce n'est quand même pas Márquez ou Naipaul qui annonce qu'il n'écrit plus. Ce n'est que Laferrière.) Bien sûr que je suis assez absorbé par moi-même (vous l'aurez deviné), mais vous, j'attends de vous une certaine sérénité sur ce sujet. Cela me rappelle cette plaisanterie que j'avais faite un soir au grand bingo qui se tient dans cette immense salle pouvant contenir à peu près deux cents personnes, sur la rue Sainte-Catherine, près de Sanguinet. J'avais acheté une douzaine de cartes pour la partie (ce qui m'avait coûté douze dollars) et, à peine était-elle commencée, j'ai annoncé à haute voix que je devais courir aux toilettes. Il y eut un cri rauque dans l'assistance. Le meneur de jeu, imperturbable, a continué à crier les numéros. N'y tenant plus, les gens se sont tout de suite rassemblés autour de mes cartes pour jouer à ma place. Il leur était impossible d'assister à un tel gaspillage. Mais je crois que c'était plus profond : pour eux, cela leur semblait un tel sacrilège que de se moquer ainsi du dieu de la chance et du hasard (le dieu vénéré des pauvres). Les gens ne vous pardonnent pas de ne pas partager leur foi. Cela les rend fous de rage, ils seraient capables de vous lapider. Voilà ma feuille de route : de zéro à quatre ans, j'étais très occupé avec ma mère, à Port-au-Prince. De quatre à onze ans, j'ai vécu avec ma grand-mère, à Petit-Goâve, où j'ai appris à observer les fourmis et à écouter la musique de la pluie tout en regardant le vol soyeux des papillons. Quelle vie luxueuse ! De onze à vingt-trois ans, je suis revenu à Port-au-Prince où j'ai connu les filles, la dictature et où j'étais aussi journaliste au *Petit Samedi Soir* et à radio Haïti-Inter. À vingt-trois ans, j'ai quitté Haïti dans des conditions épouvantables (après qu'un ami journaliste eut été tué par les tontons macoutes de Duvalier) pour m'exiler à Montréal. De vingt-trois ans à trente-deux ans, j'ai travaillé comme ouvrier dans différents types de manufactures. À trente-deux ans, j'ai publié mon premier roman. À trente-sept ans, j'ai décidé de quitter Montréal pour aller m'établir à Miami malgré un travail de chroniqueur bien rémunéré à la télé (où j'étais payé pour dire n'importe quoi à propos des livres, des films, des pièces de théâtre et même de la musique), pour aller m'établir avec ma famille. Et à quarante-sept ans, après cet interminable bouquin en dix volumes (*Une autobiographie américaine*) racontant mon itinéraire depuis Petit-Goâve où j'ai passé mon enfance, à Montréal où je suis devenu écrivain, en passant par Port-au-Prince où j'ai fait du journalisme à risque. Voilà, je décide, aujourd'hui, que je suis fatigué de tout cela. Fatigué de gratter du papier. Fatigué de barboter dans l'encre. Fatigué aussi de regarder la vie à travers la feuille de papier. Fatigué surtout de me faire traiter de tous les noms : écrivain caraïbéen, écrivain ethnique, écrivain de l'exil. Jamais écrivain tout court.

CHAPITRE III

Portrait de l'écrivain en jeune dandy

AUTOPORTRAIT

Dany : Comment écris-tu ?

Laferrière : J'écris généralement à l'aube, juste après avoir fait l'amour.

D. : Tu dis ça pour provoquer encore une fois ?

L. : Je n'écris bien que quand il y a une femme sous la douche.

D. : Le bruit de l'eau ?

L. : Le corps mouillé.

D. : Aujourd'hui, ça va pour toi ; te souviens-tu de ce jeune homme arrivé à Montréal, en 1976, avec une valise en fer-blanc ?

L. : Bien sûr, j'avais vingt dollars en poche et je ne connaissais presque personne...

D. : Pas de légende avec moi. Raconte ça plutôt aux journalistes, mon vieux.

L. : T'as raison, je ne sais pas combien de fois on m'a demandé de raconter l'histoire de mes débuts... C'est devenu une fable.

D. : Tu sais que tu ne peux pas me mentir... Tu te souviens de la chambre crasseuse de la rue Saint-Denis, de la soupe populaire dans le Vieux-Montréal ?...

L. : Ah oui, c'est un ami africain qui m'a amené là... Cette religieuse si gentille nous a gavés de soupe chaude, de légumes et de poulet. On m'a donné aussi une paire de bottes et des chandails. Dix ans plus tard, je suis revenu y faire des reportages pour la télé. Les mêmes types buvaient encore la même soupe.

D. : Et les premières femmes ?

L. : Au 50, rue Crémazie, je ne sais pas si ça existe encore. Un bar minable. On m'a emmené un soir. La plus jeune femme de la place avait soixante-deux ans. J'en avais vingt-trois.

D. : À l'époque, tu dormais beaucoup ?

L. : C'est vrai, je passais mon temps à regarder la télé (une petite télé noir et blanc) et à dormir. Je connaissais toutes les émissions de la journée. Mon émission favorite c'était les tirages où les gens semblaient heureux de gagner des disques de chanteurs de troisième ordre.

D. : Malgré tout, tu n'as jamais pensé au suicide ?

L. : Malgré tout, cette vie était meilleure que celle que je menais en Haïti, où je risquais ma peau à chaque coin de rue.

D. : Si je me souviens, tu es parti sans rien dire aux amis avec qui tu luttais pour un changement en Haïti ?

L. : J'étais vraiment en danger. Je me souviens de cette nuit terrible où il fallait quitter Port-au-Prince le lendemain sans en parler à personne. Sauf à ma mère qui était au courant de mon départ. J'ai marché toute la nuit dans la ville.

D. : Des fois, tu ne penses pas à ceux qui sont restés là-bas ?

L. : Si. C'est pour cette raison que je n'ai pas osé écrire le mot *Haïti* dans mon premier roman. Je ne m'en sentais pas digne.

D. : Et aujourd'hui ?

L. : J'ai moins mal, personnellement, tandis qu'Haïti souffre encore plus.

D. : Je ne comprends pas.

L. : Je crois qu'il faut des pauses, même au cœur de la plus folle douleur. Non seulement la dictature nous détruit, mais son rêve, c'est d'occuper toutes nos pensées, de sucer toutes nos énergies. Il faut garder ses forces pour créer, produire, être heureux : tout ce que les hommes en place détestent.

D. : Tu n'as pas tant créé que cela, de 1976 à 1985, l'année de la sortie de ton premier roman.

L. : Ce furent des années extrêmement importantes pour moi. Je venais de quitter un univers où les femmes (ma mère et mes tantes) s'occupaient exclusivement de moi pour le rude hiver de l'exil. J'ai travaillé dans des usines, j'ai vécu comme un clochard. Pour un écrivain, c'est la meilleure école au monde. Si j'étais resté à Port-au-Prince, je n'aurais connu que l'univers restreint de ma classe sociale.

D. : Et à partir de 1985...

L. : Tout a changé en novembre 1985. J'ai tout de suite connu la célébrité.

D. : C'est arrivé comment ?

L. : Tu dois bien le savoir... Fais pas le con avec moi !

D. : J'ai oublié.

L. : J'ai fait cette entrevue avec Denise Bombardier et le lendemain, tout le monde me souriait dans la rue. Je venais d'exister. Le titre du livre (*Comment faire l'amour avec un Nègre sans se fatiguer*) y était pour quelque chose aussi. On a fait un film qui a été vu dans plus de cinquante pays. Aux États-Unis, l'affiche et le titre du film ont été boycottés par toute la grande presse américaine.

D. : Et qu'est-ce que ça te fait, la célébrité ?

L. : Je trouve ça normal.

D. : Tu as toujours été vaniteux, me semble-t-il.

L. : J'ai toujours pensé que j'avais quelque chose à dire.

D. : Et c'était quoi ?

L. : Je ne suis pas de ceux que l'on parque facilement dans un ghetto. Je ne suis ni un Noir ni un immigrant, et je ne saurais dépendre d'un quelconque ministère de l'Immigration. Je suis le fils de Marie et le petit-fils de Da, deux honnêtes femmes qui ont nourri pour moi les rêves les plus grandioses. Je ne saurais me contenter de miettes, je veux le gâteau entier.

D. : Moi aussi, j'ai quelque chose à te dire. Des fois, j'ai l'impression que tu t'es perdu à force de tant vouloir te faire voir. Tout cet étalage sexuel... Était-ce nécessaire ? Penses-tu quelquefois à ta femme ?

L. : Tu veux dire notre femme... J'ai l'impression qu'elle me voit comme un grand garçon fou.

D. : Ça t'arrange de penser cela. Des fois, elle aurait aimé que tu sois un peu plus sérieux.

L. : Si je deviens plus sérieux, mon ami, les médias me laisseront tomber du jour au lendemain. Aujourd'hui, c'est la dictature du plaisir. Je ne peux plus faire marche arrière.

D. : Tu te trompes, il y a des gens intelligents qui nous écoutent en ce moment... Parle-nous de tes enfants.

L. : J'ai trois filles. Elles ont chacune un tempérament différent. Vraiment différent. L'aînée, Melissa, est très calme (apparemment). Comme moi. Sa cadette, Sarah, est une boule de vie, d'invention, de rires, de réactions imprévisibles. Ma dernière fille, Alexandra, est vraiment haïtienne. Elle en a les gestes, l'accent, le sens musical, la ruse.

D. : Et ta femme ?

L. : La seule chose qu'elle m'a demandée, c'est de ne jamais parler d'elle. J'ai choisi la lumière. Elle a préféré l'ombre. Elle me protège quand je vais trop loin.

D. : Dans la lumière ?

L. : Oui. L'Amérique peut tuer quiconque s'approche trop près de sa flamme.

D. : Tu t'es brûlé ?

L. : Non, j'ai fui à temps.

D. : Où ?

L. : Je me suis réfugié dans mon enfance.

D. : Et aujourd'hui ?

L. : Je viens nu devant vous, ô lecteur. Et j'entends déjà les balles siffler autour de ma tête.

L'IDENTITÉ NÈGRE

Mon histoire avec l'Afrique a commencé vers la fin de mes études primaires. Il circulait, à l'époque, cette volumineuse *Anthologie de la poésie négro-africaine*. Et, la feuilletant, je tombai par hasard sur le fameux poème de Carlos Saint-Louis : *J'aime le Nègre*. Tout de suite, je voulus savoir de quel nègre il s'agissait. C'était bien la première fois que je lisais ce mot dans un contexte qui ne semblait pas insultant. Le mot « nègre » en créole signifie homme, et il nous arrive souvent de dire d'un Blanc qu'il est un bon nègre. Pourtant je ressentais un certain malaise chaque fois que je trébuchais sur le mot *nègre* dans un roman américain ou européen. Je ne savais pas encore que le même mot pouvait être utilisé comme une insulte ou comme une revendication identitaire suivant l'origine et le dessein de celui qui l'utilisait. Quand fallait-il employer *noir* ou bien *nègre* ? Seul un Noir pouvait dire *nègre*, me répondait-on. Tout cela m'angoissait terriblement.

Et le poème de Saint-Louis poursuivait ses ravages en moi avec ce vers mystérieux : « J'aime le nègre car tout ce qui est nègre est une tranche de moi ». La sensation d'être un melon qu'on tente de vendre au détail. Je ne comprenais pas vraiment ce que voulait dire l'auteur jusqu'à ce qu'un cousin plus âgé me mette au parfum. Je l'entends encore me lançant sur un ton définitif que les Noirs se devaient toujours d'être solidaires entre eux – je remarque que chaque fois que deux Noirs se croisent dans une ville étrangère, ils se font un discret signe de reconnaissance. Malgré mes pressantes questions, mon cousin n'est pas parvenu à m'expliquer pourquoi je devais aimer l'épicier Mozart, cet homme que lui et moi tenions pour un fieffé coquin. Je lui faisais comprendre que le simple fait d'être noir ne pouvait aucunement rendre Mozart moins salaud à mes yeux. Il se contenta de m'avertir que je deviendrais pour finir, si je continuais sur cette pente, un traître à la race.

Les années 1930

Tout a commencé en 1928 quand l'écrivain haïtien Jean Price-Mars publia cet essai corrosif (*Ainsi parla l'oncle*) qui explosa comme une grenade dans les salons huppés de Port-au-Prince. Price-Mars y dénonçait l'attitude colonisée de l'élite haïtienne, qu'il définissait comme étant « un bovarysme collectif ». Il affirmait surtout qu'en prenant le parti d'ignorer ses racines africaines et de ne promouvoir que la part française de sa culture, l'État haïtien avait fait un choix qui pouvait mettre en péril l'identité nationale. Malgré le fait que le français soit encore la langue officielle du pays et qu'on étudie toujours les classiques français à l'école, il reste que les proverbes, les contes, le créole et le vaudou relèvent plutôt de l'héritage africain. Si l'Afrique habite l'âme de l'Haïtien, l'Europe occupe son esprit. Et Price-Mars s'étonnait qu'un pays qui avait conquis son indépendance par la lutte armée puisse embrasser la culture du colonisateur au point de renier ses propres origines. Pour lui, une telle coupure entre les éléments culturels qui tissent la vie quotidienne du jeune écolier haïtien et le programme scolaire officiel allait avoir des conséquences très graves sur sa psychologie. L'écart lui semblait trop grand entre ce qu'était l'Haïtien et ce qu'il voudrait être. Tous les pays colonisés finissent un jour ou l'autre par faire face à un tel dilemme. Bon, le débat était lancé et il allait embraser les esprits durant les cinquante prochaines années.

Les années 1940

À l'époque, les jeunes gens des familles aisées des pays africains et caraïbes de langue française faisaient leurs études à Paris. Ces étudiants devaient affronter à la fois la solitude et le racisme. Pour beaucoup de gens en Europe, l'Afrique était une contrée d'animaux sauvages et de peuplades primitives qui parlaient petit-nègre. On voyait sur les murs de Paris ces grandes affiches publicitaires (« Y'a bon Banania ») qui ont fini par ulcérer un jeune normalien du nom de Léopold Sédar Senghor.

Celui-ci s'acoquina avec d'autres jeunes gens à la Sorbonne, dont Aimé Césaire, de la Martinique, et Léon-Gontran Damas, de la Guyane. Le petit groupe se mit à lire furieusement *Ainsi parla l'oncle* de Price-Mars. Césaire, Senghor et Damas lancèrent un mouvement qui allait constituer un tournant décisif dans la conscience sociale du tiers-monde : la Négritude. Il fallait cesser d'avoir honte d'être nègre. On devrait même en être fier. La fierté nègre. Faut dire qu'on revenait de loin. Les études terminées, Césaire rentra chez lui à la Martinique pour découvrir son pays dans un état lamentable de colonisation et il écrivit son grand poème *Cahier d'un retour au pays natal*. Gérald Godin, Gaston Miron et Paul Chamberland furent des lecteurs attentifs de Césaire. Sentant que la poésie seule aurait quelque mal à changer les choses, Césaire et Senghor se lancèrent en politique. Césaire deviendra maire de Fort-de-France, et Senghor, président du Sénégal.

Le pouvoir noir des années 1960

François Duvalier arrive au pouvoir en septembre 1957. Avec lui, les paysans et les masses urbaines feront leur entrée sur la scène politique haïtienne. Il entend redonner toute la place nécessaire à cette culture populaire méprisée par les élites haïtiennes. Il se proclame dès lors l'héritier intellectuel de Price-Mars, en concevant le projet ambitieux de mettre en application politique les idées contenues dans *Ainsi parla l'oncle*. On sait aujourd'hui ce que cela a donné. Comme toujours, pendant que le peuple s'occupe de son identité culturelle, la bourgeoisie s'enrichit sous l'œil d'un État complice.

La « révolution » de Duvalier s'est vite changée en dictature quand la classe moyenne a commencé à protester face à la cherté de la vie quotidienne et à la dégradation des institutions nationales. Le pouvoir répond avec brutalité. Et les choses s'enveniment au point que Duvalier, pour défendre ses acquis, doit se proclamer président à vie. Les professeurs, les infirmières et les médecins, se sentant dans le collimateur des tontons macoutes, ont commencé à quitter massivement le pays pour se réfugier en Afrique et au Québec. Le Québec, en pleine Révolution tranquille et intellectuellement affamé, a pu ainsi, à peu de frais, pomper Haïti de son élite professionnelle. Sur un plan individuel, le Québec a pu sauver de nombreuses vies, mais sur un plan national, ce fut une vraie saignée.

Se sentant menacé par les exilés haïtiens qui l'attaquaient de toute part, Duvalier a dirigé sa propagande sur ma génération, en utilisant le nationalisme pour nous faire avaler la dictature. Il affirmait qu'un dictateur local était toujours préférable à un maître étranger. C'était assez pour me dégoûter de tout mouvement nationaliste. Et c'est à ce moment-là que je me suis débarrassé mentalement de l'Afrique. L'Afrique me rappelant trop Duvalier.

Les années 1970

Dès le début des années 1970, les intellectuels caraï-
béens et africains commencèrent à contester ces
chantres (Césaire et Senghor plus particulièrement)
de la négritude, les accusant même d'être de mèche
avec le colonisateur. Césaire, à la Martinique, prati-
quait cette politique de « compère lapin », qui consistait à ruser avec le maître. Pour Césaire, la Martinique, avec une population de moins de un million
d'habitants, ne pouvait aspirer à devenir un pays indépendant. Cette dépendance vis-à-vis de la France
lui semblait la seule chance que la Martinique entre
dans une certaine modernité. L'argent de la métropole était nécessaire au développement de la Martinique. L'État français, seul, pouvait lui assurer une
certaine sécurité. La Martinique, selon Césaire, ne
pouvait devenir au mieux qu'un département français. Senghor, malgré le fait que le Sénégal soit un
pays indépendant, ne disait pas autre chose. Son pays
avait toujours besoin des cadres français pour garder
le cap. Plus tard, confia-t-il, quand nos jeunes auront
bien compris la leçon, nous nous débarrasserons du
maître. Pourtant, ce furent les jeunesses martini-
quaise et sénégalaise qui contestèrent en premier
cette politique d'un autre temps, faite de ruses et de
compromissions. Pour ces jeunes, il fallait rompre
tout de suite avec la France. Le problème, c'est qu'il
est quasi impossible de se débarrasser définitivement
de son colonisateur. Le seul cas connu, c'est Haïti, et
il l'a payé trop cher. Voilà ces poètes au pouvoir
(Césaire et Senghor) qui passent la nuit à chanter la
révolution haïtienne et le jour (ce sont quand même
des hommes politiques), à montrer du doigt le désas-

tre haïtien. Haïti étant devenu l'argument ultime pour déconseiller à leur peuple toute aspiration indépendantiste. La négritude des années 1930, qui affirmait cette rupture du colonisé d'avec le colon, était devenue une sorte de laisse qui les liait presque aussi intimement qu'avant. C'était la néocolonisation.

La créolité des années 1990

On a tous un cadet à nos talons qui n'arrête pas de nous rappeler nos promesses d'antan. Pour Césaire, ce cadet s'appelle Édouard Glissant. Il est l'auteur d'un livre capital : *Le discours antillais*. L'équivalent pour notre époque du bouquin de Price-Mars. On le voit toujours flanqué de deux jeunes acolytes : Chamoiseau et Confiant. Ce sont ces deux-là qui ont tenté, avec un essai vengeur, de faire la peau à Césaire. Il se trouve que Chamoiseau et Confiant sont peut-être les écrivains les plus talentueux de leur génération. Ils ont lancé, vers la fin des années 1980, un mouvement du nom de créolité. Les Antillais aiment beaucoup se regrouper sous des bannières. La créolité entend redonner aux Antilles sa dignité en remettant en valeur sa culture populaire. Paraît qu'on doit tous passer par là. Le problème, c'est que ce mouvement n'a été accepté dans les Antilles que quand la France l'a célébré en accordant le prix Goncourt à Chamoiseau pour son roman *Texaco*. Alors pourquoi cette reconnaissance de la France pour un mouvement qui l'accuse de mener dans les Antilles une politique colonisatrice ? C'est parce que le maître ne se sent pas vraiment inquiété par les débats d'identité. Le colonisateur n'a peur que quand un nouveau colonisateur rôde dans les parages. La France bougera le petit doigt seulement si les Américains montrent un intérêt quelconque pour cette région.

J'étais encore gamin quand j'ai croisé pour la première fois Price-Mars. C'était dans les bureaux du *Nouvelliste*, un influent quotidien de Port-au-Prince. J'ai passé l'après-midi à observer cet homme de 90 ans qui avait vécu assez longtemps pour voir son livre porté à bout de bras par les étudiants en colère de « la révolution de 1946 » et, plus tard, servir de base à la politique de Duvalier. Quelque temps plus tard, accusant Duvalier d'avoir traîné dans la boue ses idées, Price-Mars reçut la visite des tontons macoutes qui le bousculèrent et saccagèrent sa bibliothèque. Le vieil homme mourut des suites de cette humiliation.

ÉCRIRE SA VIE

On parle beaucoup ces jours-ci du lien que tisse l'écrivain entre ce qu'il écrit et sa vie personnelle. On a même trouvé une expression pour désigner la chose : autofiction. La métaphore fait rêver, car on aurait bien aimé que ce soit possible de faire de soi-même un personnage de fiction. Ce n'est pas d'hier qu'existe une telle ambition, et elle n'est pas spécifique aux écrivains non plus. Il n'y a pas si longtemps, l'autoportrait était un genre incontournable chez les peintres, mais la « fièvre de soi » s'est emparée des écrivains au moment même où les peintres commençaient à dédaigner la chose. On ne trouve plus, aujourd'hui, que les peintres du dimanche pour barbouiller des autoportraits. Mais est-ce possible de se peindre ? Peut-on se voir comme les autres nous voient? La vérité, c'est que nous serons toujours aveugles tant que notre jugement pourra avoir une incidence sur notre comportement (en fait, nous ne voulons pas changer). Nous ne disposons pas de la distance nécessaire pour nous observer. C'est, bien sûr, plus facile de regarder un inconnu, assis dans le métro en face de nous, sans états d'âme. L'inconnu entre dans notre champ de vision pour disparaître l'instant d'après. Il est beaucoup plus un moment qu'une personne. Tandis que, de la naissance à la mort, il nous est pratiquement impossible de nous perdre de vue. C'est le poids du passé et l'espérance de l'avenir qui nous empêchent de nous voir au moment où nous nous regardons. Au lieu de voir un visage, nous sentons passer le temps.

Le régime

Mais d'où vient cette furieuse envie, chez les écrivains contemporains, de toujours vouloir se placer au centre du tableau? À première vue, d'une certaine désillusion dans les grands rêves collectifs qui avaient germé dans les caves humides de la révolution industrielle. Cette vision obèse et populaire de la vie avait, semble-t-il, atteint son apogée avec *Les misérables* de Hugo ou les grandes fresques de Dickens pour décliner tout doucement jusqu'à nos romans anorexiques. Ce fut plutôt un long déclin. Il a fallu du temps pour que le lecteur absorbe ces nouvelles perspectives car, malgré tout ce que l'on peut dire, l'écrivain ne peut aller plus vite que le lecteur.

Et l'avant-garde finit toujours par se faire rattraper et dépasser par la troupe. Les deux guerres de ce dernier siècle débordé nous ont finalement conduits au régime. On a commencé par éliminer certains genres, dont le gras feuilleton, qui avaient fait la fortune du XIXe siècle. Puis, on s'est attaqué, à la hache et à l'aveuglette, aux grands développements politiques et sociaux dont regorgeaient les dodus romans de l'époque. Pour tenir de tels discours enflammés – on pense aux romans d'un Zola –, il fallait des caractères bien trempés. Les écrivains de l'époque n'avaient pas peur de camper des personnages plus grands que nature. Celui-ci représentait le bien ; celui-là, le mal. Ah ! que la vie pouvait paraître simple. À cette époque, on mettait aussi la main à la pâte. Et ces rudes bonshommes menaient de minutieuses enquêtes avant d'entreprendre leurs vastes sagas sur la révolte des mineurs ou sur les effroyables conditions de travail des ouvriers du textile. L'ouvrier face au patron ou, sous d'autres cieux, le paysan sans terre face à l'État sans conscience furent les dernières représentations archétypales du roman. En un mot, Tolstoï venait de passer le témoin à Tchekhov. J'aime autant le lourd Tolstoï que le léger Tchekhov, et je crois que leurs œuvres additionnées nous donnent un aperçu du livre total. Mais on s'est mis plus tard au régime minceur (je parle autant de la profusion de la matière que de la largeur du cadre), et tout cela a pris de nouvelles directions.

Le roman psychologique

Il a fallu tout de même remplacer ces péplums par autre chose, et ce fut le mince roman psychologique. Le paysage intérieur venait de remplacer le paysage extérieur. Comme si, fatigué, l'imposant romancier du XIXe rentrait finalement chez lui. Le pays se réduisant à sa maison ; et le peuple, à sa famille. Les écrivains ont vite fait alors de découvrir un nouvel excitant : le cœur humain. On ne parle pas ici de l'amour qui existait déjà, on s'en doute bien, dans les romans (d'ailleurs, jusqu'au début du XXe siècle, les jeunes filles apprenaient à aimer en lisant des romans), mais plutôt du regard de l'écrivain sur les motivations de ses personnages. D'où l'utilisation de ce fameux monologue intérieur. Bien fait, c'est intéressant ; mal fait, comme c'est souvent le cas, c'est désastreux. Autrefois, il suffisait d'une astucieuse description de la nature pour que le lecteur soit renseigné sur les humeurs des personnages d'un roman qu'il était en train de lire. On croyait le paysage extérieur capable de refléter les subtiles nuances du cœur humain. Aujourd'hui, on fait simplement parler ce cœur. C'est efficace, mais un peu grossier. Le personnage se balade dans la ville, et le romancier, dans son cœur. L'écrivain ne voit plus ce qui se passe autour de lui. Il habite un cœur. Les mouvements sociaux ne l'intéressent plus, tout occupé qu'il est à repérer les moindres fibrillations de ce cœur. Remarquez bien que je ne déplore rien, je ne fais que constater. La maison s'est réduite à la chambre à coucher. Debout derrière la porte, le lecteur entend les discussions sur l'état des finances du couple, les bagarres homériques et les brefs cris d'orgasme, suivis des chuchotements de complicité. Et chaque geste que pose l'un ou l'autre personnage est analysé sans fin par un narrateur trop au fait des derniers développements de l'école freudienne. Bien que la nature me fasse suffoquer facilement (je préfère les voitures aux vaches), je peux encore prendre dix pages de description du potager plutôt que ces interminables conversations introspectives sur l'oreiller. Nous voilà face à un mur. Que faire ? Pour régler un tel problème, le romancier d'aujourd'hui n'a trouvé d'autre solution que de rentrer, sans prendre la peine de s'essuyer les pieds, dans le roman.

Le romancier dans le roman

D'abord, cette forme intermédiaire qui est de remplacer le narrateur par le romancier. Le romancier devient du coup ce personnage qu'aurait inventé le romantisme du lecteur. C'est bien le lecteur qui en a fait une star. L'écrivain sait bien que le romancier n'arrivera jamais à entrer, habillé comme il est, dans un livre. On va le tricoter de mots. On gardera de lui l'odeur de la réalité, sans perdre de vue que le roman ne carbure pas à la vérité mais au vraisemblable. Les témoins ne manquent pas au portillon. Cocteau lance qu'il est un mensonge qui dit vrai. C'est ainsi que Borges a créé un personnage du nom de Borges. Il fait tout ce que fait Borges sans être Borges. Bukowski, lui aussi, a créé Bukowski, et on se demande encore lequel est le vrai. Bukowski raconte l'histoire d'un type qui passe ses journées à taper à la machine, à glander, à baiser et à boire. On soupçonne que tout cela, raconté par Bukowski, est bien plus amusant que dans la réalité. Bukowski a voulu séduire le lecteur. Il a glissé dans les phrases ce courant d'énergie qui fait trépider le lecteur. S'il s'ennuie parfois, sa prose ne nous importe jamais (disons rarement). Un Bukowski honnête nous aurait conduits fatalement au sommeil, et on aurait laissé tomber depuis longtemps ce vieil ivrogne teigneux avec son gros pif rouge. C'est qu'il compte énormément sur sa machine à écrire pour le sauver de l'oubli. D'un vif coup d'œil, ce diable d'homme est capable de repérer un lecteur qui s'éloigne sur la pointe des pieds, et de le ramener à lui d'une phrase en lasso. Il me fait penser à Mozart (Buck adore aussi la musique classique) qui veut rassurer son père : « Je suis peut-être vulgaire, mais ma musique ne l'est jamais. » Il faut savoir que ce personnage est une totale création de l'écrivain, un être de papier aussi artificiel et fictif que n'importe lequel de ses autres personnages. Et que le seul pari que l'écrivain a gagné, c'est de nous faire aimer quelqu'un que nous aurions détesté dans la vie.

Le miroir sans tain

L'autofiction est, à mon avis, l'aboutissement de cette aventure. On arrive au moi compact et définitif. Aucune fissure. Le moi qui s'aime assez pour ne plus chercher à plaire à l'autre. C'est le miroir sans tain. L'angoisse est renvoyée au lecteur qui se demande s'il sera à la hauteur d'un tel choc. Le choc d'un moi sourd et aveugle. Il n'y a pas de genre littéraire qui ne s'appuie sur une découverte technologique. Le style américain n'a été possible que grâce à la machine à écrire. L'autofiction, elle, doit beaucoup à l'ordinateur. La prolifération de ces journaux personnels qu'on peut lire presque « en temps réel » sur le net. Si ces textes sont bourrés de scories, c'est qu'on espère plutôt se faire voir que se faire lire. C'est l'équivalent de ces photos prises avec un appareil bon marché. Il faut, toutefois, admettre que ces journaux tapés à la va-vite sont de loin plus intéressants que ceux d'autrefois, trop littéraires, que nos tantes gardaient précieusement dans leurs tiroirs. À lire ces instantanés sur

Internet, on peut plus facilement prendre le pouls d'une époque, tandis que les textes trop peaufinés nous renseignaient uniquement sur les rêves avortés pour atteindre à une expression de soi. Malheureusement, on voit ces jours-ci, dans les librairies, une prolifération de ces « romans », bourrés, paraît-il, d'informations explosives sur l'entourage ou le milieu de l'écrivain. Des noms circulent. En réalité, ce fut toujours ainsi. Nos proches ont toujours fait les frais de nos premiers essais. Ces anecdotes ne valant pas un clou au-delà du périmètre familial (je parle de la famille élargie comprenant autant les amis que les ennemis personnels), il fallait chercher à transformer tout cela en littérature. Ce que tout le monde ne prend plus la peine de faire.

CHAPITRE IV

Le livre

LE VERT PARADIS DES LECTURES ENFANTINES

Tout a commencé il y a très longtemps, au temps de la haute enfance. Je ne savais encore ni lire ni écrire. Un jour, je suis entré (à l'aube, je m'en souviens) dans la chambre de mon grand-père. Il était assis, en pyjama, devant sa petite table et ne faisait aucun bruit. Sa tête penchait légèrement en avant. Son buste restait bombé comme à l'ordinaire. Le visage fixe. Seuls les yeux bougeaient. Je fus pris de panique, ne l'ayant jamais vu dans cette position. S'il n'était qu'à quelques centimètres de moi, j'avais l'impression presque angoissante qu'il ne se trouvait pas dans la chambre. Son corps était là, mais son esprit vagabondait ailleurs. Au moment où j'allais me mettre à hurler, il a senti ma présence, s'est tourné vers moi pour me faire cet étrange sourire qui se voulait rassurant. Je me suis demandé pendant des mois ce qu'il faisait de si mystérieux ce matin-là.

Je n'ai su que des années plus tard que mon grand-père s'adonnait, toujours à l'aube, au plus intime, au plus jouissif et au plus satisfaisant des plaisirs solitaires. Cet homme était en train de lire. Le sens et la musique des mots le pénétraient si intensément qu'ils l'avaient entraîné dans ce voyage mystérieux. Cette curieuse musique qui, sans faire aucun bruit, parvenait à le faire pleurer ou sourire. Les voix douces et inquiètes des hommes et des femmes à travers les siècles lui murmurant des histoires terribles, violentes ou pleines de tendresse.

J'ai aussi appris à lire en même temps que mes cousins et cousines, dans un époustouflant désordre d'âge. J'étais parmi les plus jeunes, mais rapidement je me suis hissé au niveau de lecture des plus âgés. Mon grand-père avait pris l'habitude de nous écouter lui faire la lecture, le samedi après-midi, dans la vieille guildive, près du cimetière, où l'on faisait un mauvais tafia (une sorte d'eau-de-vie). C'était un après-midi chaud et humide. Un orage se préparait. On était assis en cercle autour de mon grand-père, et chacun devait lire, à tour de rôle, une histoire qu'il avait lui-même préalablement choisie et préparée durant la journée. Il y avait dans ce livre à couverture rouge vin, mon premier livre de lecture courante, beaucoup d'histoires à caractère moral, et j'aimais surtout le fait qu'elles se terminaient toujours bien. Je me souviens avoir lu l'histoire de Robert Bruce, ce chef de guerre qui venait de perdre sa sixième bataille contre l'ennemi. J'étais ému par ce passage où l'on voyait un Robert Bruce qui léchait ses blessures, couché dans cette pauvre chaumière en pensant sombrement à son destin. Bruce, désespéré, allait tout abandonner quand il remarqua cette bestiole qui essayait depuis des heures de grimper, sans y parvenir, sur un mur lisse. Ce n'est qu'après la septième tentative qu'elle finit par atteindre son but. Bruce se releva et engagea une huitième bataille qu'il gagna. Mon grand-père adorait cette histoire. Je pense aujourd'hui que mon grand-père était, à l'époque, dans la position de Robert Bruce. Lui aussi avait échoué tant de fois dans ses tentatives d'imposer le café de Petit-Goâve sur le marché national. Lui aussi s'était finalement réfugié dans cette guildive désaffectée pour panser ses blessures en écoutant ses petits-enfants lui faire la lecture.

Je suis rapidement devenu son lecteur attitré. Une autre histoire savait l'amuser quand il était vraiment découragé. C'est étrange le pouvoir des mots. Je m'asseyais à ses pieds, le dos contre le mur. Lui, sur sa vieille dodine, un crachoir tout près. Il était déjà bien malade. J'avais pris l'habitude, sans savoir d'où cela me venait, de m'éclaircir par trois fois la voix avant de commencer la lecture. Les trois coups du théâtre. Voilà : c'est l'histoire d'un roi qui visitait une prison. Le chef de la prison lui présentait les prisonniers. Et le roi demandait à chacun la raison de son enfermement. Le premier répondit que c'était une erreur, les gendarmes s'étaient trompés et avaient emmené un innocent à la place du voleur. Le deuxième que c'est parce qu'un voisin le jalousait à cause de son potager qui était plus beau que le sien (je ne me souviens pas de tous les faits de cette histoire, ne l'ayant jamais relue depuis la mort de mon grand-père). Ainsi de suite jusqu'à ce qu'on arrive à cet homme qui gardait tout le temps la tête baissée. Le roi lui dit : « Alors, mon brave, encore une injustice ? » Et le prisonnier de répondre : « Non, mon bon roi, je suis coupable. » Le roi entra alors dans une terrible colère : « Comment se fait-il qu'on mette un tel scélérat avec des innocents ? » Le chef de la prison ne savait quoi répondre. Mon grand-père me fit à ce moment un clin d'œil complice. Et le roi d'ajouter : « Jetez-moi dehors cet homme avant qu'il ne contamine les autres. » Le chef de la prison fut obligé de relâcher le malfaiteur. Et mon grand-père qui n'arrêtait pas de rire durant tout le reste de l'après-midi. Il aimait beaucoup cette histoire. Et même sur son lit de mort, quand on m'a poussé dans sa chambre (j'avais un peu peur de l'odeur de la mort et surtout de cette gravité que je voyais sur les visages des adultes), voyant ma panique, mon grand-père m'a fait signe de m'approcher vers lui pour me murmurer à l'oreille : « Ne t'inquiète pas, Vieux Os, je dirai à Dieu que je suis coupable et, pour éviter que je ne puisse corrompre les saints, il me renverra sur Terre. » J'ai éclaté de rire. Les gens, croyant que je faisais une crise nerveuse, m'ont immédiatement emmené dans la chambre d'à côté pour me faire respirer du sel ammoniac. J'ai passé tout l'après-midi couché sur le dos, dans le lit de ma grand-mère, avec une compresse de marc de café sur le front.

Après la mort de mon grand-père, je me suis jeté sur les livres et je lisais tout. Tout ce qui me tombait sous la main. Mon plaisir était très divers. J'aimais surtout la comtesse de Ségur, à cause de cette espèce de gaieté qu'il y a dans ses livres. Une gaieté mêlée de larmes (la cruauté des enfants riches). Je dévorais *Le club des cinq*, surtout quand j'avais un peu faim (mais pas trop). Les repas qu'on y préparait (surtout les glaces) me faisaient venir l'eau à la bouche. Je me couchais sous la grande balance de café et je passais toute la sainte journée à lire. Il ne s'agissait pas d'un livre en particulier mais du simple fait de lire. La lecture. Les mots qui réveillent des sensations, des sentiments, des mondes. Le merveilleux et délicieusement pervers plaisir de passer, avec mon amie Alice, de l'autre côté du miroir. Le premier vrai livre que j'ai lu, c'était *Capitaines courageux* de Kipling. Je ne me souviens de rien aujourd'hui mais uniquement du fait que je m'étais posé, à l'époque, cette question qui allait être à l'origine de l'aventure de l'écriture dans ma vie : comment Kipling s'y était-il pris pour que je sois avec ces marins de Terre-Neuve, sur ce bateau de pêche, à affronter le froid et les tempêtes ? Cette interrogation ne s'adressait pas à la magie de la lecture (comme c'était le cas quand j'ai surpris mon grand-père à l'aube en train de lire), mais plutôt à celle de l'écriture (cet inconnu du nom de Kipling qui arrive à me toucher jusque sous la vieille balance de café, à Petit-Goâve, en Haïti).

Le frère Loïc avait pris la bonne habitude de nous faire la lecture, le vendredi après-midi, durant la dernière heure de classe. *Le dernier des Mohicans*. Je gardais pour moi le soupçon que les Mohicans n'avaient pas cet accent breton. Un rien peut tout détruire. C'est si fragile le plaisir. Bien sûr, les Dumas ont alerté mes sens. Je leur dois le quart de mon enfance. Et aussi Stevenson. Ce sont des écrivains locaux pour ainsi dire, puisque Dumas est né à Jérémie, dans le sud d'Haïti. Et l'île des pirates, la célèbre île de la Tortue, se trouve dans le nord-ouest du pays. Dumas, Stevenson, Carroll, c'est très bon pour un enfant ou un adulte, mais un adolescent a besoin d'un alcool plus fort, capable d'exciter non seulement son imagination mais aussi ses sens. Un jour j'ai trouvé, cachée entre les piles de draps propres de la grande armoire, toute une petite bibliothèque secrète. *Climats* d'André Maurois, que j'ai lu un jour où j'avais la fièvre. J'étais tombé en même temps sur une bouteille de cocktail de cerises (un mélange de cerises cuites dans l'alcool avec du sirop d'orgeat) que j'ai bu en lisant ce livre. Je ne me rappelle pas si c'étaient les mots ou l'alcool, mais je me trouvais dans un état d'ivresse totale. Ensuite, Stefan Zweig m'a entraîné dans *La pitié dangereuse* et *La confusion des sentiments*. Puis ce fut la découverte capitale. Le premier orgasme par les mots. Je grelottais ce jour-là de fièvre (j'ai eu une enfance fiévreuse). J'ai commencé la lecture de ce livre, curieusement sans couverture, de sorte que j'ai ignoré pendant longtemps son titre et le nom de son auteur. La fièvre grimpait au fur et à mesure que je m'enfonçais dangereusement dans le sable mouvant de cette lecture. Je sentais qu'il se passait en moi quelque chose de terrible, de monstrueux même. Mon sang coulait à toute allure dans mes veines. Ce n'étaient décidément plus les gentilles histoires que me faisait lire mon grand-père mais quelque chose de plus dangereux : le sexe interdit. Le sexe qui bouleverse l'ordre social. Je n'ai su que bien plus tard que cet auteur n'était nul autre que D.-H. Lawrence et son livre *L'amant de lady Chatterley*.

C'est à l'aube que j'aime lire.

LE LIVRE VAUT LE VOYAGE

C'est étonnant qu'on parle de la mort du livre au moment où cet objet magique s'apprête à prendre son envol pour ce long voyage presque sans fin, car, on le sait, l'éternité guette le livre. Bien sûr qu'il ne gardera pas toujours sa forme actuelle (souvenez-vous qu'il fut papyrus un jour), mais il reste encore, dans cette forme que nous connaissons, l'objet le plus neuf, le plus vif, le plus moderne qui soit.

On parle beaucoup ces derniers temps de l'ordinateur, de la télévision et du cinéma, mais aucun de ces trois médias n'est aussi malléable que ce jouet fait de papier, d'encre et de rêves. On peut le glisser dans sa poche et l'emmener partout avec nous. On peut lire dans un taxi, dans le métro, dans un autobus ou en marchant. On peut même lire les yeux fermés, et les aveugles le font aisément. On peut lire aussi pour quelqu'un d'autre : on se souvient de ce joli film, *La lectrice*, tiré d'ailleurs d'un livre de Raymond Jean. Je continue : on lit dans le bain, sur le balcon en été avec un verre de vin au pied de la chaise, mais rarement dans sa bibliothèque car les gens aiment plutôt lire dans le mouvement de la vie. On lit volontiers dans un parc, dans une salle d'attente ou dans un café. Regardez autour de vous : les lecteurs sont partout.

Je ne suis pas le seul à avoir été impressionné par l'intensité du lecteur. Le photographe montréalais Georges S. Zimbel a traqué un peu partout dans le monde, et dans toutes les situations possibles, cet animal étrange et fascinant : le lecteur. Pendant cinquante ans, il a observé l'homme absorbé par les mots. On cherche en vain d'où vient la lumière qui éclaire ce petit écran de papier ? Elle remonte à la haute enfance, du temps où on ne pouvait s'endormir sans se faire accompagner par le peuple des contes. On regarde les photos de Zimbel (elles seront exposées sur l'esplanade de la Place des Arts, les 23 et 24 avril, durant les fêtes d'inauguration de Montréal capitale mondiale du livre) et on se dit qu'il n'y a pas de posture plus touchante et plus recueillie que celle-là. Et c'est une passion si forte que je me demande comment serait le monde sans livre.

Un sport

Je ne sais d'où vient chez moi cette habitude de comparer la littérature avec le sport. D'un strict point de vue physique, le sportif et l'écrivain pratiquent leur art de manière totalement différente. L'athlète court. L'écrivain ne bouge pas. Et l'une des premières qualités d'un écrivain, c'est sa capacité de rester assis dans une pièce fermée. L'athlète conserve longtemps ses muscles, alors que l'écrivain reconnu aurait tendance à grossir (regardez ces auteurs de sagas aussi obèses que leurs bouquins). C'est peut-être dans la concentration qu'ils se rejoignent. Et aussi dans l'utilisation de l'énergie : l'athlète dépense toute son énergie dans un temps déterminé, tandis que l'écrivain refile la sienne au lecteur.

Il arrive de temps en temps qu'on ferme brusquement un livre pour mieux respirer. Le souffle trop ample d'un romancier au long cours peut bien couper le nôtre. Tolstoï m'a toujours fait penser à un dangereux plongeur capable de nous entraîner avec lui dans les grandes profondeurs marines ; on le suit jusqu'au moment où il faut le laisser continuer seul.

Il y a des sprinters dont la course n'a pas duré dix secondes mais dont la trace lumineuse continue à nous éblouir plus d'un siècle plus tard. Et des marathoniens aussi qui arrivent au stade, à la tombée de la nuit, tout surpris encore que le public soit resté à les attendre. J'aime bien que le 3000 m, ce parcours étrange qui exige de l'athlète des capacités sportives exceptionnelles, soit couru par un écrivain asthmatique qui n'arrête pas de tomber et de se relever. Si Hemingway a cette carrure impressionnante de poids lourd, ses jambes semblent plutôt fragiles. Mais d'autres, comme Bukowski, font penser à ces boxeurs mexicains hargneux qui n'hésiteront pas, dès que l'arbitre a le dos tourné, à vous cogner sous la ceinture. Pas vraiment le territoire de la morale. C'est chacun pour soi, et le style pour tous.

La lectrice

Mon activité préférée, dans un café, c'est de scruter le visage des gens en train de lire. J'observe tout : le mouvement des yeux, la tête penchée en avant, la bouche légèrement ouverte, la langue humectant parfois les lèvres (la lecture étant une activité hautement sensuelle) du lecteur dont l'esprit ne se trouve plus depuis un moment au même endroit que le corps. Le corps n'est que la rampe de lancement qui permet à la fusée esprit de se propulser dans l'espace imaginaire. Ah ! cette jeune lectrice que je surveille du coin de l'œil depuis un moment. Elle s'est installée en commandant tout de suite un thé vert. Elle semblait, au début, en train d'attendre quelqu'un. Même à trois tables de distance, je pouvais encore palper sa nervosité. Ah ! l'amour. Finalement, elle a sorti un livre de son sac qu'elle a déposé près de la tasse. Elle prend une gorgée de thé, passe la main légèrement sur la couverture du livre, comme on fait avec un cheval rétif qu'on s'apprête à monter. Ensuite, elle sort vivement un petit miroir, pour se poudrer un peu. Elle aurait pu aller à la toilette. J'ai l'impression qu'elle a peur de quitter cette table. De brefs coups d'œil angoissés vers la porte. La poitrine légèrement oppressée. Les mains, les mains : de petites bêtes qu'on ne contrôle pas. Brusquement, elle prend une longue respiration, et ouvre le livre (je viens de voir, c'est *Les vagues* de Virginia Woolf). Si quelqu'un est en train de lire pas loin de moi, je suis prêt à tout pour savoir de quel livre il s'agit. C'est toujours une information précieuse sur le présent état d'esprit de cette personne. À peu près sûr que cette fille souffre de fortes migraines, vit avec deux chats et quelques poissons rouges. Sitôt le livre ouvert, elle n'était plus dans ce café, ni même dans cette vie. Elle avait déjà rejoint Virginia Woolf dans ce territoire qui n'est ni le passé, où vécut la romancière anglaise, ni ce présent, où nous sommes dans ce petit café, elle et moi. Elle se trouvait dans cette étrange zone où les écrivains morts retrouvent leurs lecteurs momentanément vivants.

Walt Whitman note dans *Feuilles d'herbe* ces vers qui sont mes préférés du poète de Manhattan :

> Plein de vie, aujourd'hui, compact, visible,
> Moi, âgé de quarante ans en l'an quatre-vingt-trois des États-Unis
> Je te cherche, toi, dans un siècle ou dans beaucoup de siècles
> Toi qui n'es pas né, je te cherche
> Tu es en train de me lire. Et maintenant, c'est moi qui suis invisible,
> C'est toi, compact, visible, qui perçois les vers et qui me cherches.

Et quand le jeune homme est arrivé, elle semblait pendant un court instant contrariée. Le livre l'avait guérie de la maladie des cafés : l'attente. Elle a souri en le refermant, sachant qu'elle pourrait reprendre n'importe quand sa lecture. Le livre ne lui fera jamais faux bond.

Le lieu

Quand j'arrive dans une nouvelle ville, je vais d'abord au cimetière, et ensuite dans une librairie. À lire les noms sur les tombes, je sais tout de suite si je suis dans une société repliée sur elle-même ou pas. Pas besoin d'écouter les discours officiels, le cimetière est le livre qui révèle la part cachée d'une ville. Et la librairie est souvent à l'image du cimetière : si vous n'avez pas remarqué beaucoup d'étrangers au cimetière, vous n'en trouverez pas non plus à la librairie (je parle des écrivains). Je me souviens des librairies découvertes durant mes pérégrinations dans ma nouvelle ville. D'abord la librairie Québec-Amérique (chez la si vivante Rolande Bengle morte malheureusement depuis) sur la rue Saint-Denis. C'est là qu'un jour j'ai découvert Bukowski. C'était un samedi matin, je me suis assis dans un coin pour lire son fabuleux recueil de poèmes : *L'amour est un chien de l'enfer*.

Puis un jour, en flânant dans Outremont, je suis entré à la librairie Hermès, dans l'antre d'Élisabeth Marchaudon. Elle a invité pendant des années des écrivains de passage dans sa librairie. J'allais à ses séances, et je me tenais dans un coin à rêver de voir un jour mon roman dans une librairie. Ah ! le jeune écrivain avant son premier livre. J'ai quelque peu délaissé Hermès quand Françoise Careil a ouvert sa petite librairie (la librairie du Square) dans mon ancien quartier. Je venais de publier mon premier roman, et Françoise n'avait pas de livres pour ouvrir sa librairie (elle attendait les boîtes). Il n'y avait donc qu'un seul livre dans toute la librairie : le mien. Cela n'arrive pas deux fois dans une vie d'écrivain.

Je fréquente, aujourd'hui, la librairie Monet qui se trouve dans un centre commercial, dans ce quartier éloigné du centre-ville. Ce ne devrait être qu'une petite librairie où l'on achète son journal le matin. On y pénètre pour tomber dans une ruche de libraires compétents et souriants. Mes filles courent alors vers la plus complète collection de bandes dessinées du pays. Au milieu, un espace joliment aménagé pour recevoir des écrivains. Sur la gauche, au fond, une petite galerie où on expose parfois des portraits d'écrivains. Sans faire de bruit, la librairie Monet a rejoint la librairie Olivieri dans le peloton de tête des librairies qui ont apporté quelque chose de neuf et de vivant à cette ville.

Il y a là une solide continuité dans la lecture (la librairie en est le pivot), car on lit avec tous les livres qu'on a lus auparavant. Et quand on rejette un livre, on le fait aussi avec l'accord des livres qu'on a aimés. C'est ainsi que se forme le goût.

CHRONIQUE DU TEMPS PERDU

Il suffit d'avoir le vague souvenir d'un certain temps pour sentir tout de suite dans la pièce la présence de Proust. Le temps et sa perte (ce qui n'est pas rien tout de même) appartiennent donc à un homme qui n'est presque jamais sorti de son lit. On se demande encore comment il a fait pour s'emparer aussi aisément de ce qui devrait appartenir à tout le monde : le temps perdu. J'imagine, presque avec effroi, ce moment précis où Proust a retrouvé le temps. Alors que tout ce que nous savons de ce temps n'est que la petite douleur à l'âme que l'on appelle nostalgie, cette mémoire blessée du temps passé. Ce n'est pas d'aujourd'hui qu'on court après le temps, croyant naïvement qu'il nous précède quand il est déjà derrière nous. Je dis « déjà » parce que, pour moi, le temps est circulaire, et qu'il a fait plus d'un tour (un nombre indéterminé) quand nous n'en avons pas encore terminé le premier. On voit cela régulièrement dans l'épreuve du 3000 m : deux athlètes courant côte à côte sans être pour autant dans le même temps, l'un précédant l'autre d'un tour.

Je crois que le temps est l'une de mes plus vieilles hantises. Dans mon enfance, je le voyais d'un seul ample mouvement. Lent et imperceptible. À peine un frémissement à la surface. Ce n'est que plus tard, à l'école, en étudiant la grammaire, que j'ai appris à me méfier de ce fleuve héraclitien en fait si changeant. Il n'y avait donc pas simplement le passé, le présent et le futur, mais aussi le passé simple et le passé composé. Et pour m'angoisser encore plus, voici l'inquiétant passé conditionnel (première et deuxième formes) et le si mystérieux futur antérieur. C'est vous dire que cette question me taraude depuis toujours, et qu'elle peut surgir à tout moment. Adolescent, il m'arrivait, en embrassant une fille, de voir le temps filer à si vive allure que je me retrouvais avec une femme, ensuite une vieille et, la minute d'après, un squelette. Suis-je seul à avoir un rapport aussi intime avec le temps ?

Un appétit féroce

Si je rumine ainsi, ce matin, à propos du temps, c'est à cause de la bibliothèque que je suis, finalement, en train d'installer. C'était dans le garage depuis un moment. Les boîtes n'ayant pas été ouvertes depuis l'été 2002, quand j'ai quitté Miami. Je prenais mon temps, comme toujours. L'autre soir, quand il a plu (une petite pluie de février), eh bien, j'ai rêvé que le garage était inondé. Des centaines de livres flottant sur les eaux. J'aurais préféré le feu. Pris de panique, je suis descendu au milieu de la nuit pour remonter ces lourdes boîtes de carton bourrées de bouquins, dont la grande majorité sont en format poche. Il n'a pas fallu très longtemps pour que je me retrouve couvert de poussière et de sueur. Il me faut préciser que ces livres ont été achetés avec de l'argent difficilement gagné, je parle d'un temps où j'étais payé au salaire minimum et que celui-ci n'était pas encore à quatre dollars. Mes premiers bouquins, je les ai achetés en économisant sur la bouffe. J'avais fait savoir à tous mes copains d'alors que je ne voulais que des livres en cadeau. Mais on vous donne les livres qu'on veut bien vous donner, et on achète les livres qu'on a vraiment envie de lire.

Avez-vous remarqué qu'on a tendance à lire le livre qu'on a acheté, et pas toujours celui, même s'il nous plaît, qu'on nous a donné ? C'est qu'il ne suffit pas d'aimer un livre pour le lire, il faut aussi qu'il arrive au moment où on a vraiment envie de le lire. Je connais des livres exceptionnels, comme *Belle du*

Seigneur par exemple, que je n'arrive jamais à lire, car chaque fois que je vais le prendre, il y en a un autre, pas plus important, qui accapare mon attention. On dirait qu'il y a un moment pour chaque livre et que, passé ce moment, il est condamné à ne plus jamais être ouvert (je frissonne). Par contre, il y a des livres que je commence à lire dans la librairie même, pour les terminer au milieu de la nuit, ce qui n'est pas forcément un critère de qualité. Je pouvais ne pas manger pour m'acheter un livre, et il arrivait aussi qu'un livre passionnant remplace le sexe.

Je ferme la porte de la bibliothèque pour être seul avec mes livres. Je les avais jetés vaille que vaille dans les boîtes. Certains sont un peu gondolés. Je n'ai aucun doute que, placés à la verticale, ils reprendront leur forme première dans quelques jours. Je ne suis pas très méticuleux avec les livres, j'ai plutôt tendance à leur faire goûter à la vie dure et stressante que l'on mène. Et il m'arrive de leur expliquer la situation du monde. Si les gens parlent à leurs plantes, pourquoi ne pourrais-je raconter ce qui se passe à ce bon vieux Tacite ? L'impression que si Tacite nous a raconté ses *Histoires*, c'est, bien entendu, pour qu'on lui raconte les nôtres en retour. Parfois, ma fille cadette ouvre la porte : « Papa, es-tu avec quelqu'un ? – Avec Tacite. » Elle hoche simplement la tête et s'en va. Mes filles savent depuis toujours que si les livres gardent vivant l'esprit de leurs auteurs, c'est pour qu'on puisse s'entretenir avec eux. Dès l'enfance, je leur ai bien appris à ne jamais lire sagement un livre. Un livre, c'est un esprit qui frappe à la porte, et non un idiot qui monologue dans le noir. Pourquoi écrire si ce n'est pas pour partager des rêves et des angoisses avec des gens d'une autre époque, d'un autre âge, d'un autre milieu ? Et je suppose qu'on lit aussi pour les mêmes raisons. Le dialogue est donc possible.

L'ordre alphabétique
Il y a d'abord ceux qu'on cherche désespérément dans la foule. Je voulais installer Borges avant tout le monde. J'ai Borges de deux manières. En poche, pour le lire n'importe où, et en Pléiade (c'est le seul auteur que je possède en Pléiade) pour le lire le jour où je me retrouverai dans une chambre d'hôpital. On trouve ses différents âges dans une bibliothèque : l'enfance, parce que je conserve toute la collection de la comtesse de Ségur, puis le jeune homme qui a tant lu Miller et Cendrars. Le présent, où l'on se fait certainement emmerder par l'actualité littéraire. Et le futur, fait de ces livres à long souffle, comme le *Journal*, de Kafka, *La montagne magique*, de Thomas Mann, ou les interminables correspondances d'écrivains, telle celle de Gide avec Roger Martin du Gard. Ces marathoniens me font de discrets signes de la main, comme pour me donner rendez-vous quelque part, à l'hospice peut-être. Je les range doucement, pas trop pressé d'aller à leur rencontre. Ah ! voici un ami qui m'ouvre, de loin, ses grands bras. C'est Bukowski. Et aussi Tanizaki, un peu caché derrière lui. Des gens que je n'ai pas vus depuis si longtemps : Boulgakov, Diderot (*Le neveu de Rameau*), Hrabal, Whitman, Cortázar, Woolf, Selby, Camus, Salinger, et même ce bon vieil Érasme. Je trouve dans cette boîte (n° 8) plein d'écrivains avec qui j'aime discuter. J'en suis tout étourdi.

Il n'y a pas que moi qui parle aux écrivains morts. Ils se parlent entre eux aussi. Parfois, la nuit, je les entends. Des discussions orageuses entre Céline et Bertrand Russell. J'ai même été obligé d'aller les changer de place. Ah! vous vous demandez comment il se fait que Céline soit côte à côte avec Russell, la lettre C à côté de la lettre R. C'est que je place les livres sans aucun ordre. Aucun. Même pas ce minimum de mettre ensemble les deux tomes du *Don Quichotte*. Pourquoi? D'abord, je trouve ridicule l'ordre alphabétique. Cela nous dit beaucoup plus sur celui qui a rangé les livres que sur la bibliothèque elle-même. Une bibliothèque doit refléter l'esprit de celui qui la possède. Si l'on trouve ce même ordre dans toutes les bibliothèques de la ville, le visiteur ne saura alors rien à propos du maître des lieux. Je sais qu'il y a des gens qui s'enorgueillissent de pouvoir repérer dans le noir le livre qu'ils cherchent. C'est qu'avec une pareille méthode, on ne trouvera précisément que les livres recherchés. Quand je veux un livre, il me faut passer au peigne fin toute la bibliothèque, ce qui me permet de ne jamais perdre personne de vue. C'est la même chose dans la vie où les gens, heureusement, ne se tiennent pas par ordre alphabétique. Il n'y a qu'un Ubu pour obliger les gens dont le nom commence par la lettre A à vivre dans le même quartier.

L'écrivain inconnu

Pour moi, un écrivain, c'est quelqu'un qui est mort depuis au moins cent ans. Si tout le monde pensait comme moi, on aurait du mal à trouver un lecteur pour les écrivains d'aujourd'hui. Écoutez, je le dis comme je le sens. Je ne devrais pas parler ainsi, étant moi-même un de ces écrivains d'aujourd'hui. Mais cette chambre où je suis est un territoire libre.

Personne ne peut me dire qui lire, ni quand ni comment. Je ne lis pas pour faire plaisir aux amis écrivains que je fréquente, ni pour comprendre une époque, ni par patriotisme. Il y a un autre endroit (les toilettes) pour les sales compromis du temps présent. Mais ici, c'est l'univers de la bibliothèque. Il n'y a pas de race, pas de classe, pas de sexe, pas d'époque, pas de genre, il n'y a que le libre plaisir de la lecture, ce « vice impuni ».

Cette pièce étant plus petite que la précédente, celle de Miami, je ne peux donc y entreposer autant de livres. Quels sont les livres qui ne quitteront pas leur boîte ? Un vrai dilemme, car chaque livre ici a été choisi pour une raison bien déterminée. Je peux même dire quand et où pour certains. Sauf celui-là, qui semble là sans raison. Le titre ne me dit rien, ni même le nom de l'auteur. Je l'ouvre. Une histoire assez banale. Un style plutôt gris. Tout y est moyen. Comment a-t-il pu se glisser entre Laclos et Malraux ? C'est qu'il représente le gros de la troupe. Tous ceux qui ont écrit à travers les siècles, y mettant leur énergie et leur intelligence, tout en sachant que leurs livres n'avaient aucune chance de traverser le temps. C'est le livre de l'écrivain inconnu. Sa présence fonde une bibliothèque.

Chapitre V

La première leçon

La recette magique

C'est ma grand-mère qui m'a initié à la cuisine, durant mon enfance, à Petit-Goâve. Elle ne m'a rien appris directement. Je la regardais simplement faire. J'avais huit ans, et j'étais curieux de tout.

Un jour, vers la fin du mois d'avril 1961 (étant né en avril, je remarque que tous les événements importants de ma vie se passent en avril), elle m'annonçait presque fièrement qu'on n'avait plus un sou.

— Comment va-t-on faire pour manger ? je demande alors avec une certaine anxiété.

Elle se contente de sourire en me demandant d'aller chercher de l'eau pour remplir la grosse marmite. Pendant ce temps, elle prépare le feu. La marmite étant bien placée sur le feu, je me retourne vers Da.

— Ensuite, Da ?

— Maintenant, on va aller s'asseoir sur la galerie.

— Mais, Da, on n'a encore rien mis dans l'eau…
Il n'y aura rien à manger tout à l'heure.

– Ne t'inquiète pas, dit calmement Da, on a déjà fait un pas important.

– Quel pas, Da ?

– L'eau est sur le feu.

Da s'assoit dans sa vieille dodine, avec sa cafetière à ses pieds. Je me couche par terre, comme à l'ordinaire, afin de mieux observer les fourmis qui vaquent à leurs occupations dans les interstices des briques jaunes de la galerie. Nous habitons au 88 de la rue Lamarre. C'est une rue fortement animée, du fait surtout que les paysans qui viennent des onze sections rurales formant le district de Petit-Goâve doivent nécessairement l'emprunter pour aller aux casernes, au parquet, au tribunal civil ou même au grand marché près de la place. Cela n'a pas pris trop longtemps pour qu'un paysan s'arrête devant notre maison, tout souriant.

– Da, le remède que vous m'avez conseillé l'autre jour m'a fait beaucoup de bien. La douleur me laisse enfin un peu de répit.

– Je suis contente pour toi, dit Da.

– Da, je n'ai pas grand-chose, mais c'est de bon cœur que je vous offre ces pauvres légumes.

– Merci beaucoup, lance Da sur un ton assez guilleret.

L'homme continue son chemin vers les casernes jaunes tout au bout de la rue.

– C'est Hannibal, dit Da. J'ai bien connu son père, Bonaparte, qui était un homme intègre. Je ne me souviens pas de lui avoir conseillé quoi que ce soit pour sa douleur, mais il trouve toutes sortes de prétextes pour m'apporter des légumes. J'avais aidé Bonaparte, il y a longtemps, dans une affaire d'arpentage. Les paysans n'oublient jamais quand on leur a fait du bien ou du mal. Et cela se transmet de père en fils.

J'ouvre le sac pour trouver trois énormes ignames, cinq belles patates, un gros chou, quelques carottes, deux aubergines avec une belle robe violette et quatre noix de coco.

— Da, je vais les mettre dans l'eau bouillante, dis-je tout excité.

— Attends un peu, Vieux Os (c'est ainsi qu'elle m'appelle parce que j'aime m'attarder sur la galerie, avec elle, à admirer les étoiles), je sens que la viande est en chemin.

En effet, une dame revenant du marché s'arrête brusquement devant notre galerie, comme si elle avait été piquée par une guêpe.

— Da, j'ai un problème, dit-elle.

— Qu'est-ce qui se passe, madame Absalom ?

— Figurez-vous, Da, que je viens d'acheter un magnifique morceau de bœuf qu'Excellent m'a préparé lui-même, et c'est maintenant que je viens de me rappeler qu'Absalom ne doit manger de viande sous aucun prétexte, cette semaine.

— Mais pourquoi, ma chère ?

— Ah Da, il a fait un vœu.

— De ne pas manger de viande... Je n'ai jamais entendu une chose pareille.

— Absalom est un homme compliqué, Da... Si vous pouviez prendre ce morceau de bœuf, Da. Vous me le rendrez la semaine prochaine.

— Je n'avais pas l'intention de manger de viande non plus, aujourd'hui, mais puisque tu insistes tant, dit Da en me faisant un clin d'œil complice.

Je me lève pour aller prendre le morceau de bœuf des mains de madame Absalom. Le temps de le ramener à Da, ma main est déjà couverte de sang de bœuf. Je cours me laver dans le bassin d'eau, près de la maison de Naréus. À mon retour, madame Absalom a déjà atteint la croix du Jubilé. J'achève d'éplucher les légumes.

– Prends deux noix de coco avec quelques légumes que tu vas apporter chez Thérèse. Je n'ai pas vu de fumée chez elle, aujourd'hui.

– Tu crois qu'elle n'a même pas d'eau, Da ?

– Elle a de l'eau, dit Da avec ce rassurant sourire qui m'apaise tant, mais elle ne connaît pas notre recette magique.

Je file porter les légumes à notre voisine, et reviens du même élan. Da dit que, quand il s'agit de manger, je peux être aussi rapide que l'éclair.

– Elle t'a envoyé un peu d'huile et du sel, Da.

– C'est tout ce qui nous manquait !

On continue à éplucher les légumes pendant un certain temps.

– Vieux Os, dit finalement Da sur un ton triomphant, je crois qu'on est prêts pour la cuisson… Va mettre le tout dans l'eau bouillante, et n'oublie pas d'y jeter une poignée de sel.

Moins de deux heures plus tard, nous étions, Da et moi, attablés sous la tonnelle, près du manguier, à déguster le plus succulent repas de toute ma vie. Je me souviens d'avoir réfléchi longuement ce jour-là aux mystères de la cuisine : tous ces ingrédients si différents qui, une fois cuits ensemble, donnent ce goût si savoureux.

Des années plus tard, quand j'ai commencé à écrire, je me suis souvent rappelé la recette magique de Da. Il faut jeter les idées et les émotions sur la page blanche, comme des légumes dans un chaudron d'eau bouillante. Mais d'abord et surtout, on doit commencer à écrire même quand on ne sait pas quoi dire. Thérèse avait une marmite, de l'eau, de l'huile et du sel, mais c'est Da qui a fait le repas. Da a eu l'audace de croire au hasard et à la vie. Et c'est là la raison d'être même de l'écrivain. Il y a aussi l'idée que la cuisine est l'art le plus proche du roman.

Mes jeunes filles à Pointe-à-Pitre

J'ai écrit durant l'été 1991, à Miami, ce bref roman (*Le goût des jeunes filles*) dont l'histoire se passe à Port-au-Prince vingt ans plus tôt, en avril 1971. Depuis près d'un mois, on tourne à Pointe-à-Pitre un film tiré de ce roman paru antérieurement à Montréal. Je n'aurais jamais cru que ce livre décrivant un univers aussi clos, ce week-end de désir avec une volée de jeunes filles endiablées dans un Port-au-Prince infernal, pourrait être celui qui circule, d'une manière ou d'une autre, dans pas moins de quatre villes de cette Amérique qui m'habite tant.

Quelqu'un, dernièrement, voulait savoir si j'étais encore fasciné par cette Amérique intégriste qui pousse le zèle moral jusqu'à la terreur. Cette Amérique qui n'hésite pas à bombarder Bagdad pour son bien. Dois-je encore préciser que l'Amérique reste, pour moi, un continent, et non les seuls États-Unis, quoique ces derniers représentent un gros morceau du gâteau, et le plus actif laboratoire de créations nouvelles de notre époque ? Le problème, c'est que le monde entier observe les États-Unis. Leur réussite fulgurante nous a donné espoir dans la possibilité de changer la vie, sinon de changer de vie. Et l'échec des États-Unis nous concerne tous. D'où cette colère planétaire qui cache une immense déception.

L'ouïe

Aujourd'hui, mes oreilles bourdonnent de tous les bruits du monde, car je viens de passer près de quinze ans dans une parfaite surdité, ne m'intéressant qu'à mon univers intime, celui des personnages de mes romans. Je n'entendais rien de ce qui se passait dans le monde, cloîtré dans cette chambre à Miami avec la fenêtre donnant sur un grand arbre feuillu. Je tapais à la machine avec un seul doigt de brefs romans. Car six mois me semblaient bien suffisants pour raconter une histoire, trop impatient que j'étais de passer à autre chose. Ce n'était pas toujours bon, mais au moins je faisais vite. De temps en temps, je relevais la tête pour voir sur l'écran du téléviseur des villes en flammes ou des peuples en fuite le long des chemins poussiéreux, et ils étaient toujours poursuivis par des hélicoptères les mitraillant sauvagement. La vie des autres, quoi !

Et cela fait près de quinze ans que je ne m'informe plus à propos des événements politiques d'Haïti, depuis ces premières élections après le départ de Jean-Claude Duvalier, que j'ai couvertes pour Télévision Quatre Saisons, et où j'ai vu, baignant dans leur sang, des paysans endimanchés serrant encore dans leur poing leur carte de vote. Depuis lors, quand je veux savoir comment va Haïti, je ne m'informe plus à propos des partis politiques, ni de l'opposition, ni certainement du gouvernement, je téléphone plutôt à ma mère, et je me renseigne sur le prix du pain, du lait, de l'essence et je lui demande si elle a vu son médecin et combien coûte la consultation, et comment va son appétit ces derniers jours.

L'état de santé de ma mère n'est pas différent de celui de ce pays. Souvent, elle me raconte qu'elle n'arrive pas à manger quand les autres n'ont rien à se mettre sous la dent. Et s'agissant du Québec où je vis, il me faut faire un grand effort pour m'intéresser à ses malheurs quand la planète va comme elle va. Je ne dis pas non plus qu'on mène ici une vie sans peine, car un enfant triste est un enfant triste partout. Disons simplement que le malheur a un tel succès ces jours-ci que l'on se sent comme poussé à montrer ses blessures. Et un peuple sans grand malheur a l'impression d'être hors du jeu.

Je ressemble à cet homme qui vient de se réveiller en se demandant comment va le monde. Je m'informe quelque peu avant de m'engloutir à nouveau dans l'univers des monstres marins, des villes imaginaires et des petites filles aux grands yeux noirs. Je ne me sens vivant que dans cette atmosphère. Me voilà de nouveau replongé, tête première, dans cette adolescence criblée des flèches du désir.

L'odorat

Je suis arrivé à Port-au-Prince au début de l'automne 1963 avec, serrée dans mon poing gauche, une enfance lumineuse passée dans les jupes de ma grand-mère. Mes yeux remplis de songes mauves. Le bruit soyeux des libellules plein la tête. Et l'odeur de la terre mouillée, après une forte pluie tropicale, dans mes narines. Si l'enfance est un long sommeil, mais alors quel réveil ce fut! Petit-Goâve, où j'ai passé mes premières années, sentait le café; et Port-au-Prince, l'essence. Cela m'a pris des années avant de m'habituer à cette odeur. Comme tous les provinciaux, j'avais le nez délicat. Je me souviens encore d'avoir failli perdre connaissance à cause du parfum trop violent (Drakkar) d'un homme debout devant moi au bureau de poste.

Aujourd'hui, après quarante ans d'agressions de tout genre, mon nez ne s'étonne plus de rien. Il trouve à peu près tout normal, et c'est dommage. C'est d'ailleurs ainsi qu'on finit par perdre sans le savoir, un à un, l'usage de nos sens. Mais étrangement, Port-au-Prince allait développer mon appétit de la vie. Ce n'était plus les rues étroites et ensoleillées de Petit-Goâve, mais une large pieuvre hérissée de dangers. C'est le mot que tout jeune provincial entend en arrivant dans la grande ville. Le danger était partout (les tontons macoutes, les voleurs, les voyous) mais d'abord en face de chez moi, de l'autre côté de la rue, dans cette maison pleine de rires et de jeunes filles surexcitées.

Le goût

Brusquement, je passais mes après-midi à la fenêtre de ma petite chambre à observer le manège de ces jeunes filles dont chaque mouvement du corps me plongeait en enfer tout en me faisant entrevoir un paradis possible. Tout ce que j'attendais de la vie se trouvait résumé dans cette énergie étourdissante qui m'aspirait partout où je me trouvais. Aucun endroit où se cacher quand cet animal insatiable s'est déjà niché en vous. Ma mère, me croyant en train d'étudier dans ma chambre, ne venait que de temps en temps m'apporter un verre de lait chaud et bien sucré. Il faisait cette chaleur insoutenable à l'ombre des jeunes filles en fleur. Je devais préparer mes examens, mais comment pouvais-je étudier quand ma fenêtre donnait sur le jardin d'Éden ? Une idée cependant m'occupait l'esprit : aller là-bas. Pleins tubes dans les oreilles, le chant des sirènes. J'avais beau m'accrocher au grand mât, l'appel était irrésistible. C'est le bateau même qui commençait à dériver dangereusement vers l'île enchanteresse. J'étais ivre de toutes les ambroisies. Ah ! ces seins pointés vers moi, me terrifiant plus sûrement que les longs revolvers des tontons macoutes.

Mon sommeil se faisait de plus en plus tourmenté, et je me réveillais le lendemain matin totalement épuisé. Je rêvais souvent que j'étais dans un jardin avec des arbres rouges dont les fruits étaient des seins. Des seins au goût de mangue juteuse. Et chaque fois que je mordais dans une mangue, l'arbre gémissait, un mélange de douleur et de plaisir. J'étais seul dans le jardin. Les manguiers s'étendaient à l'infini, et chacun d'eux était chargé de mangues en forme de sein ou de seins à goût de mangue. Et je me suis dit que cela me prendrait toute la vie pour les dévorer.

Pourquoi les seins ? Si vous vous posez cette question, c'est que vous n'avez pas eu quinze ans sous Duvalier. La censure régnait partout : sur la musique rock, la coiffure afro, la drogue, les arts martiaux, le cinéma chinois (pas de films de karaté), le western italien de Sergio Leone (accepté, puis interdit). Et la police des mœurs (un corps de police émanant du ministère des Affaires sociales et des Cultes) veillait à ce que les couples qui s'embrassaient dans les parcs publics soient des couples mariés, sinon on les mariait séance tenante devant un juge qui accompagnait toujours ces inspecteurs zélés. Voilà une idée qui avait échappé à Duplessis. Peut-être qu'au Québec, l'Église avait si bien travaillé qu'on n'avait pas besoin d'un tel corps de police.

La vue

C'est cette époque fiévreuse de ma vie qu'une équipe de cinéma est en train de mettre en images à Pointe-à-Pitre, où je suis depuis deux semaines. Pourquoi Pointe-à-Pitre et pas Port-au-Prince ? Le film devait naturellement être tourné à Port-au-Prince, mais aucune compagnie d'assurances ne veut se risquer dans une ville où l'insécurité règne en permanence. Et voilà que Pointe-à-Pitre joue le rôle de Port-au-Prince. Évidemment, Pointe-à-Pitre est une pimpante ville des Antilles dont les destinées sont réglées à Paris, alors que Port-au-Prince est un bateau à la dérive sur le pont duquel se bousculent près de deux millions d'individus sans dieu ni maître. L'équipe qui s'occupe du repérage a su trouver des coins à Pointe-à-Pitre qui rappellent Haïti. Quant au paysage, s'il semble plus vert que celui d'Haïti, on n'a qu'à penser aux toiles des primitifs, ces peintres haïtiens qui préfèrent montrer le pays rêvé tout en lorgnant du coin de l'œil le pays réel, ce qui n'est pas loin de ce que je tente de faire dans mes romans.

J'ai donc vu, dans une longue décapotable noire des années 1950, ces jeunes filles agressives et urbaines, qui semblent nées du mariage de l'asphalte et de l'essence. Elles portaient, à l'époque comme aujourd'hui, ces minijupes colorées et ces corsages transparents qui vous permettaient de voir la pointe violette de leurs seins. Je peux voir enfin, « debout sur mes paupières », trente-cinq ans plus tard, toutes ces filles qui m'avaient, durant ma puberté, ravi le sommeil.

Le toucher

Chaque fois qu'une des filles (Choupette, Marie-Erna, Miki ou Pasqualine) bougeait, je savais qu'elle le faisait uniquement parce que j'avais écrit dans le scénario qu'elle devait le faire. Elles ne pouvaient ni manger, ni boire, ni sourire, ni se fâcher, ni même respirer sans ma permission. Le pouvoir absolu du créateur ! Malgré tout, elles sont parvenues à reprendre leur liberté qui se cachait quelque part entre ma volonté de les contrôler totalement et le désir effréné de ces jeunes actrices d'insuffler à leur personnage un peu de leur propre caractère. C'est moi qui écris le scénario, mais quelqu'un d'autre doit le filmer. Le réalisateur, qui n'a ni connu Duvalier ni vécu cette époque, découvre avec des yeux neufs ces images qui ont brûlé mes yeux à quinze ans. Quelques heures après mon arrivée à Pointe-à-Pitre, j'avais déjà retrouvé cette époque où ma vie s'est jouée en accéléré au point que j'ai cru, souvent, que mon cœur allait éclater. Aujourd'hui encore, ces jeunes tigresses de mon adolescence me rattrapent. Mais cette fois-ci, je compte me débarrasser d'elles en les offrant à tout le monde.

Ni en 1971 ni aujourd'hui, je ne suis arrivé à les toucher. Je n'ai pu que les rêver. Est-ce mieux ? C'est la vie.

Un, deux, trois libraires

Il n'y a pas de librairies, il n'y a que des libraires. J'en ai rencontré trois dans ma vie. Dans trois villes différentes : Port-au-Prince, New York, Montréal. Je peux ressortir de la plus belle librairie du monde si je ne ressens aucune affinité avec le libraire. C'est un métier qui ressemble à celui de barman. Un vrai barman est aussi rare qu'un bon libraire. Être présent quand il le faut, et savoir se retirer à temps. Être là et pas là en même temps. Un bon barman comme un vrai libraire peut passer quinze ans sans vous adresser la parole s'il sent que vous n'êtes pas ici pour converser, ou devenir sur un simple coup d'œil un ami intime. Difficile équilibre.

Le premier vrai libraire que j'ai connu était un gros homme toujours terré au fond de sa librairie, dans le quartier commercial de Port-au-Prince. C'était la librairie La Pléiade, mais tout le monde disait : « Chez Lafontant ». J'ai pris du temps avant d'entrer dans sa librairie. Malgré cela, il me souriait chaque fois que nos regards se croisaient. Il m'attendait sans se presser. On sait qu'on est dans une bonne librairie quand on ne sent sur sa nuque aucune pression de quelque nature que ce soit. Je me souviens de son visage lourd qui respirait la bonté et une solide connaissance des hommes. On était sous Papa Doc, durant ces années de grande terreur. Et les intellectuels, les professeurs, les étudiants comme les simples lecteurs étaient les premiers visés par le pouvoir. Les sbires du régime pourchassaient le bon livre. Maspero représentait le Diable en personne. Et Lafontant avait toute la collection Maspero cachée tout au fond de sa librairie. Son travail consistait à détecter au premier coup d'œil l'espion (déguisé en étudiant) envoyé par Papa Doc pour le prendre en flagrant délit de vente de livres interdits, et du coup fermer sa librairie. Ce qui aurait été pour moi et mes camarades, lecteurs affamés terminant une difficile adolescence dans cette ville hérissée de dangers, un désastre sans nom. Dire qu'on n'a jamais pu le pincer vous donne une idée de son intelligence, de sa capacité d'observation et de son sens des responsabilités. Aujourd'hui que Papa Doc est mort et son fils en exil, la librairie est encore ouverte et est gérée par les filles Lafontant. Je n'oublierai jamais que si le bon livre (pas les romans à l'eau de rose dont le pouvoir entendait nous gaver afin de nous gâter les dents) a survécu à la dictature c'est grâce à l'intelligence et au courage de cet étonnant libraire – il est mort il y a quelques années – qui a su faire de sa librairie un foyer de résistance intellectuelle.

J'ai dû quitter Haïti en 1976, et quelque temps plus tard je me suis rendu à New York où vivait ma femme. Elle fréquentait, à Manhattan, la librairie Haitian-Corner (Le Coin des Haïtiens). Le nom était juste car tous les Haïtiens de New York ou de New Jersey se retrouvaient là un jour ou l'autre. Ils y venaient pour toutes sortes de raisons, mais surtout pour le café de Moringlane, le propriétaire. Des exilés, des étudiants, des artistes, des hommes politiques en disgrâce, des chercheurs, des journalistes. Personne n'aurait jamais cru qu'une si minuscule librairie puisse contenir tant de gens à la fois, venant de classes sociales, de confessions religieuses ou de tendances politiques si différentes (des fois opposées même). Des couples se sont formés dans cette librairie. C'est là que ma femme est tombée pour la première fois sur mon nom en lisant un magazine haïtien (*Le Petit Samedi Soir*). Cette librairie servait aussi de boîte postale pour certains, de lieu de rendez-vous politique ou amoureux pour d'autres. Des partis politiques se réunissaient au Haitian-Corner pour mettre en place des stratégies plus fumeuses les unes que les autres afin de renverser le pouvoir en place. Celui de Papa Doc et, plus tard, celui de Baby Doc. Un jour, j'ai même vu un ancien chef d'État haïtien, Paul Eugène Magloire, s'enfermer dans le cagibi, près des toilettes, pour siroter, dans une minuscule tasse bleue, le merveilleux café de Moringlane. Je ne sais pour quelle raison, on a toujours associé le livre au café.

Je ne comprendrai jamais pourquoi j'ai pris tant de temps à remarquer la librairie Québec-Amérique, rue Saint-Denis, dans la section comprise entre la rue Ontario et le boulevard De Maisonneuve, tout à côté du restaurant-bar Le Faubourg. En un mot: mon coin. Par contre, je me souviens exactement de la première fois que j'y suis entré, il y a plus de vingt ans. Je fus reçu par une dame bien habillée avec des manières outremontaises et cette chaleur dans la voix et dans les yeux, cette avidité de rencontrer quiconque se présente à elle, cette passion pour tout ce qui touche à la culture et à la vie. Je fus immédiatement conquis par Rollande Bengle. Ce que je ne savais pas, c'est que tous mes amis connaissaient cette librairie. Les gens que j'aimais y travaillaient. C'est là que j'ai découvert Bukowski, ce qui n'est pas rien dans ma vie. À part Rollande, il y avait les filles Bengle, dont l'une, Annick, allait devenir une amie importante pour moi. Quand j'ai publié mon premier roman, c'est à elle que j'ai donné le manuscrit patiemment décoré et si différent du texte publié (plus noir et plus dense). Annick habitait l'étage au-dessus de la librairie, et j'allais la voir quand j'avais faim de tendresse, de calme et de spaghetti à l'ail. L'escalier était étroit et raide, mais on pouvait être sûr de la trouver au sommet. Tandis que l'autre sœur, Dominique, passait son temps à me refiler des bouquins. Je gagnais très peu à l'époque pour un boulot merdique. Je pouvais à peine bouffer correctement. J'allais lire, le samedi matin, à la librairie Québec-Amérique. Dominique Bengle m'a fait découvrir Melville. Fallait voir avec quelle délicatesse les sœurs Bengle s'arrangeaient pour me refiler en douce tant de bouquins et de tendresse. Je n'essaie pas de les rendre mal à l'aise. Je veux simplement me rappeler cette époque magique où je n'ai pas eu à acheter des livres. Je veux me rappeler surtout le visage passionné de cette femme assez frêle mais si élégante qui fut à l'origine de ce flot de tendresse et de livres que ses filles ont déversé sur moi. Cette femme qui m'a immédiatement accueilli, me traitant en prince quand je n'étais qu'un presque clochard. La dernière fois que j'ai vu Rollande Bengle, elle n'avait plus de librairie depuis longtemps, et elle me paraissait si légère que j'avais l'impression que le moindre souffle de vent pouvait l'emporter à tout moment. En effet, elle est partie, mais je ne l'ai pas oubliée.

Quand j'arrive dans une nouvelle ville, la librairie est toujours le premier lieu que je cherche. J'y pénètre. Et, tout de suite, je sais dans quel genre de ville je suis.

CHAPITRE VI

Un homme en trois morceaux

LE VOYAGE

Je porte trois villes en moi. Port-au-Prince, Montréal, Miami. Je ne compte pas Petit-Goâve où j'ai passé mon enfance. L'enfance est un pays en soi. Je suis né à Port-au-Prince, mais très vite, pour des raisons politiques (mon père avait déjà pris l'exil à cause de ses idées subversives et ma mère craignait que Duvalier ne dirige sa colère sur moi), on m'a envoyé, vers l'âge de quatre ans, chez ma grand-mère, à Petit-Goâve. Petit-Goâve est une petite ville coincée entre la mer turquoise des Caraïbes et la montagne. Une enfance heureuse. Comme c'est étrange : une enfance heureuse sous la dictature. Après mon certificat d'études primaires, mais surtout à cause de cette insécurité qui régnait alors dans la ville, j'ai dû quitter Petit-Goâve pour aller retrouver ma mère à Port-au-Prince. Port-au-Prince, la scandaleuse. Les filles sulfureuses, les rues asphaltées, le bruit incessant des voitures. Le voyage de Petit-Goâve à Port-au-Prince m'a affecté plus profondément que celui qui me mènera, plus tard, à Montréal. D'une certaine manière, j'ai ressenti une différence beaucoup plus grande entre Petit-Goâve et Port-au-Prince qu'entre Port-au-Prince et Montréal. Les grandes villes se ressemblent toujours d'une certaine manière. Disons que le choc est plus fort quand on passe de l'enfance à l'adolescence que de l'adolescence à l'âge adulte. Petit-Goâve possède l'innocence d'un tableau naïf de Jasmin Joseph. Port-au-Prince, c'est le désir tourmenté qu'on trouve dans les paysages insolites et mystiques de Jacques-Enguerrand Gourgue. Montréal m'a toujours fait penser à une jeune fille fraîche, directe et bien dégourdie. Montréal est devenue mon choix d'homme. Et Miami, mon lieu d'écriture. Le passage étroit et difficile (celui de l'enfance à l'adolescence) me semble presque plus dramatique que celui du chaud au froid que je connaîtrai des années plus tard en quittant Port-au-Prince pour Montréal. Tant il est vrai que ces fines nuances (celles qui existent à l'intérieur d'une même culture et qui sont difficilement perceptibles quand on n'a pas encore quitté son propre environnement) agissent en nous comme de petites bombes à retardement et se révèlent en définitive plus percutantes que les différences, évidentes et attendues, que nous rencontrons en voyageant.

LE CHOC CULTUREL

Voilà une notion incompréhensible pour moi : le choc culturel. Je remarque que ce sont précisément ceux qui n'ont jamais quitté leur pays qui en parlent avec le plus de gourmandise. Ces gens ne vous lâchent pas un moment pour ne pas rater, sous aucun prétexte, le spectacle formidable d'un «choc culturel» en direct. Ce sont eux, bien sûr, qui vous parlent de l'hiver qui dure souvent jusqu'à la fin de juin. Du froid qui peut vous brûler les oreilles, le nez et les doigts. Du vent glacé qui vous rend fou. De la ville bloquée pendant des jours par une terrible tempête de neige. De la glace qui rend les trottoirs dangereux. C'est qu'il leur faut préparer minutieusement un tel événement : votre choc culturel. Me voilà à Montréal, durant l'été 1976, celui des Jeux de la petite Roumaine Nadia Comaneci. Et durant tout cet été, je peux vous dire qu'on m'a cassé les oreilles avec l'hiver qui n'allait pas tarder. Bien sûr que j'étais au courant du fait que les saisons se suivaient et que l'hiver allait se présenter tout de suite après l'automne. Pendant un moment, j'ai eu l'impression d'être tombé dans un monde vraiment étrange. Tous ces gens qui se plaignaient de l'hiver en plein été. Moi qui venais d'une culture où l'on vivait au jour le jour et où on avait du mal à imaginer de quelle couleur serait la saison prochaine, me voilà en train de partager l'intimité de gens (les Montréalais) qui avaient du mal à vivre dans le temps présent. C'est qu'ici on avait le don d'anticiper la douleur. En été, on ne parlait que de l'hiver à venir.

Quel mépris pour le présent ! Quelle absence de foi dans l'avenir aussi. En Haïti, on aurait plutôt prié la Vierge de nous épargner l'hiver prochain. Ou on aurait exigé des hommes politiques qu'ils fassent un effort dans ce sens : un hiver tous les deux ans, ce n'est quand même pas trop demander. Mais ici, on place sa foi dans une science si incertaine : la météo. Durant tout l'été, on m'a fait des centaines de fois

cette remarque : « Ah, t'as pas encore vu la neige ? »
Et quand, quelques mois plus tard, la première neige
était enfin là (c'est vrai que c'est impressionnant de
voir une ville toute blanche), j'étais surtout terrifié
par tous ces gens, avides de la moindre lueur de surprise dans mes yeux, rassemblés autour de moi à
m'observer en train de regarder la neige. Je crois
comprendre qu'ils cherchaient quelque chose de
rare : un adulte émerveillé. Voir un enfant s'exciter
devant un banc de neige, c'est naturel. Mais c'est
bien plus puissant quand il s'agit d'un jeune homme
de vingt-trois ans qui n'avait encore jamais vu la
neige de sa vie. Et face à ce jeune vierge : une ville
blanche. Les Montréalais n'entendaient pas rater une
pareille scène.

Des années plus tard, on m'a embauché pour annoncer la température à la télévision. Ce fut un
« immense choc culturel » pour le Québec de voir un
homme du chaud annoncer le froid. C'était encore
acceptable à Montréal (à cause du nombre important
d'immigrants qui y vivent), mais l'impact fut inima-
ginable pour les populations « tricotées si serré » de
ces petites villes de province où la neige demeure
l'événement annuel depuis l'arrivée au Québec du
sieur Jacques Cartier. Il faut comprendre qu'ici l'hiver
a modelé la sensibilité des gens. Comme ce fut le cas
avec le vaudou en Haïti. Des fois, je me demandais si
les Haïtiens auraient accepté de si bonne grâce (très
peu de protestations du fait que j'annonce la météo
sur une grande chaîne) qu'un Blanc québécois leur explique chaque soir, à la télé nationale et aux heures de
grande écoute, les oracles d'Erzulie Dantor, de Zaka
ou d'Atibon Legba (les plus fiers dieux du vaudou).

Ce sont des choses plutôt intimes qu'on ne partage pas tout de suite avec les étrangers. Bon Dieu! quand je pense qu'à mon arrivée au Québec on tentait de me faire peur avec le spectre de l'hiver. Je n'en revenais pas d'être celui qui leur annonçait le temps qu'il fait. Et je me souviens du premier télégramme que j'ai envoyé à ma mère en Haïti: « Ici, maman, les gens habitent dans un réfrigérateur stop mais certains stop disons les sans-abri stop vivent dans le congélateur stop. » L'image était destinée à impressionner ma mère, car les maisons sont bien chauffées ici.

LE PREMIER ROMAN

Quand j'ai publié mon premier livre, qui n'était pas mon premier mais tout simplement le premier que j'ai publié (toujours se méfier du mythe du premier roman), la critique avait signalé que ce roman était l'un des rares parmi ceux venant des écrivains immigrants à porter un regard neuf sur le Québec. « Comment un jeune Haïtien nous voyait-il? » « Montréal vue pour la première fois par un écrivain noir? » C'est ainsi qu'on percevait au premier abord ce livre. En réalité, j'étais tout simplement un type qui avait écrit un livre, c'est-à-dire quelque chose surgissant de mon intimité la plus profonde. Mon but n'était pas de faire de la sociologie urbaine. Les gens pensaient que je parlais d'eux (« Comment nous voyait-il? ») alors que je ne parlais que de moi. Comme j'étais à leurs yeux un écrivain noir ou un écrivain haïtien, ils ont pensé que mon regard ne pouvait porter que sur l'entourage (les choses et les gens), alors qu'il pointait plutôt vers l'intérieur. Il leur a été presque impossible de croire que mon projet n'était pas d'éclairer les autres, mais de jeter la pleine lumière sur moi. De descendre dans les ténèbres de ma pauvre âme. J'ai l'air ainsi de revenir sur le passé, mais je ne crois pas que cette question soit encore réglée. Dès qu'il arrive un nouvel écrivain immigrant, la critique (à Montréal, à New York, à Rome, à Paris ou à Berlin) se dépêche de lire son roman comme s'il s'agissait d'un manuel de sociologie. C'est qu'on n'accorde à l'étranger qu'une perception extérieure de la vie qui l'entoure. Jamais le noyau dur. Comme s'il ne faisait pas vraiment partie de cette réalité quotidienne. Lui aussi a du mal à s'imaginer faire corps avec les autres. Bien sûr que c'est difficile quand vous avez l'impression que les autres ne veulent pas de vous. Mais, que vous soyez accepté ou pas, la vieille règle sociale ne change pas pour autant : la vie est un acte collectif. Et si vous ne vivez pas dans le pays que vous habitez, ce que vous risquez c'est de tomber, très vite, dans l'univers de la fiction. De devenir en quelque sorte un être fictif. Un personnage de roman. Du roman que vous êtes en train d'écrire.

Un dimanche à Central Park

C'est toujours à la dernière minute que je choisis les livres que j'emporterai avec moi en voyage. Cette fois, j'ai glissé dans ma valise deux bouquins de James Baldwin (1924-1987). Pas des romans, plutôt des essais. Je n'aime pas beaucoup les romans de Baldwin où on le surprend trop souvent en train de réfléchir

lourdement. Le roman est fait pour ces esprits audacieux qui n'hésitent pas une seconde à se jeter dans le
fleuve impétueux de la fiction, tandis que l'essayiste
tente péniblement de remonter jusqu'à la source le
courant de la vie. Baldwin combine les deux caractères, mais je le préfère en train de m'expliquer l'Amérique que quand il tente de l'inventer. Je reste impressionné par sa capacité d'analyse, combinée à cette
sensibilité exacerbée de quelqu'un qui a connu assez
tôt l'humiliation. Pour comprendre son drame, il faut
imaginer, dans l'Amérique puritaine des années 1950,
un jeune Noir plutôt disgracieux, chétif, et homosexuel. Pourquoi je choisis Baldwin pour m'accompagner à New York ? Eh bien, je ne sais pas si vous
l'avez remarqué, ces années 1950 que nous avons
tant ridiculisées sont revenues. Ses valeurs hypocrites
se sont sournoisement installées dans toutes les sphè-
res de notre vie quotidienne. On nommera assurément ce début de siècle, qui est bien notre époque,
« les années bêtes ». Nous avions cru bêtement que le
progrès technique allait nous sortir définitivement
des ténèbres. Faisant fi de notre orgueil, le temps s'est
déplacé plutôt en crabe.

J'étais plongé avec Baldwin dans ce merdier des
années 1950 quand j'ai entendu, pas loin de moi, des
éclats de rire juvéniles. Un chant. De jeunes étudiantes, assises sur le plancher de l'aéroport, en train de
jouer aux cartes. C'est une classe qui part visiter New
York. Je sors mon calepin pour noter leur conversation. Elles parlent sans s'écouter, ou en s'écoutant à
peine. Je tends malgré tout l'oreille, toujours à l'affût
d'une inquiétude nouvelle. À quoi pensent-elles ?
Comment vivent-elles l'époque ? Savent-elles qu'on

remonte à toute vitesse vers les années 1950 ? Elles causent de choses et d'autres, sans prendre la peine de fermer les parenthèses. Des histoires qui courent à la surface des choses. On peut tout dire du moment que le rythme reste soutenu. Sinon, on est zappé. L'émotion est dans la couleur du verbe. Deux autres filles, assises juste derrière moi. Confidences. Pas de jugement, aucun ton moralisateur. On écoute l'amie. À quel moment a-t-on perdu, je parle de nous, cette si charmante musique ? Les soucis, les factures, les enfants...

Brooklyn

Je suis dans un hôtel à Brooklyn. Cela fait un moment que je n'ai pas été à Brooklyn. Quand je vais à New York, c'est toujours à Manhattan que je descends. Et Manhattan n'est là que pour cacher Brooklyn et le Bronx. On vous dira que Brooklyn n'a pas toujours été aussi sale, aussi pauvre, ni même aussi noir (il y avait les Juifs et les Italiens). Miller, qui y a passé son enfance, raconte que quand il allait voir ses cousins à Manhattan, on le présentait ainsi : « Voici Henry Miller de Brooklyn. » Il y avait donc une fierté d'être de Brooklyn.

Dans la Caraïbe, New York était souvent identifié par Brooklyn. Aujourd'hui, la plupart des gens de Brooklyn sons obligés de faire deux boulots pour gagner leur vie. On divise le chèque en trois parties : une partie qu'on envoie à la famille au pays, une autre pour payer l'hypothèque de la maison, et une dernière pour survivre jusqu'au prochain chèque. Mais le rêve de ces immigrants, c'est de quitter un jour l'enfer de Brooklyn pour aller à Queens. Queens, le quartier paisible où la famille finit toujours par s'installer, épuisée par trente ans de dur labeur. Mais, les enfants déjà ne veulent plus de cette morne banlieue. Pour eux, New York, c'est Manhattan. Brooklyn, c'est donc la première station d'un long chemin de croix. Grande concentration de l'immigration caribéenne la plus pauvre. Je suis ici invité par le Festival du cinéma africain pour mon film (*Comment conquérir l'Amérique en une nuit*). On est toujours un peu étonné quand un film ou un livre trouve enfin son public. L'impression que tous les gens de la salle savent de quoi ça parle. Ils ont vécu les drames de l'immigration, et ils connaissent ses douleurs et ses vertiges. Dans la discussion qui a suivi le film, on est donc allé au fond des choses. Les gens ne s'intéressent dans la vie qu'à ce qui les touche personnellement. La faim, la solitude, l'exil, l'humiliation, la folie, le désir fou de conquête, on connaît ça dans le coin.

Dans l'autre salle, on passait *Hôtel Rwanda* dont on parle beaucoup ces jours-ci. J'ai été le voir. C'est un bon film que j'ai détesté. Comment peut-on détester un bon film ? J'ai aimé la forme tout en méprisant le fond. Qu'est-ce que je n'ai pas aimé ? Le fait que l'un des premiers films (peut-être le premier) fait sur un des plus terribles drames de notre époque soit raconté d'une manière si hollywoodienne. On regarde une famille traverser à la nage un fleuve de boue et de sang. Et on est tout content de les voir atteindre l'autre rive. L'histoire de ce manager d'hôtel qui a sauvé des gens est peut-être vraie, mais il y a aussi un million de morts qui gisent sur le sol rwandais. De vrais morts qui ne pourront pas se relever après le générique. Ils forment la masse des figurants du film.

C'est une histoire qui passera bien un peu plus tard au cours de ce siècle. Vous avez vu combien de temps on a dû attendre avant de voir le premier film un peu drôle (*La vie est belle*) sur l'holocauste ? Pour le moment, on ne sait même pas encore ce qui s'est passé vraiment au Rwanda. Les criminels ne sont pas tous jugés. Les blessures sont encore ouvertes. Les États occidentaux complices de cette tragédie attendent d'être identifiés. Le général Dallaire est vu comme un héros sur la seule foi de son bouquin. Un véritable imbroglio. Et l'on nous présente un film où l'on sort de la salle presque soulagé. Pendant tout le film, chaque fois que je voyais un cadavre par terre, je me disais que son histoire ne pourra jamais être racontée parce qu'elle finit mal. C'est toujours un tort de mourir.

Un dimanche ensoleillé

Un bruit mat devant la porte de ma chambre. L'énorme *New York Times* du dimanche. Je fais couler un bain où je me glisse pour lire tranquillement mon journal. C'est toujours étrange de lire le *New York Times* à New York. C'est donc un journal local, celui de New York. Je ne suis pas sûr de partager sa vision des choses, mais je reste assez admiratif devant ses moyens. Toujours un correspondant là où ça se passe. C'est ainsi qu'on finit par donner aux gens l'impression qu'on dit la vérité. J'ai déjà vu travailler un journaliste du *New York Times* à Port-au-Prince, durant une sanglante journée électorale. Le type s'était contenté de rester au bar du Holiday Inn et de questionner tous les journalistes qui rentraient au bercail. Des histoires de tout le monde, il a fait le meilleur papier de la journée. Et cela, sans prendre aucun risque. Au lieu de protester, les journalistes semblaient plutôt fiers d'être cités dans le *New York Times*. Mon téléphone. Je sors du bain. C'est une lectrice de Manhattan qui m'invite à partager des pâtes fraîches. Voilà une bonne raison pour écrire des livres. On peut manger à l'œil un peu partout dans le monde, du moins dans les pays où on est traduit. Elle habite près de Central Park. J'en profite après le repas pour aller jeter un coup d'œil à ce que Christo et sa femme, Jeanne-Claude, ont fait de Central Park. Journée radieuse. L'impression qu'on a allumé des feux de camp (une armée japonaise bivouaquant) un peu partout dans le vaste parc. Les gens sourient. L'idée est si simple qu'on est déçu pendant un moment. C'est l'échelle qui fait la différence. Tout un parc. Je rentre à l'hôtel avec cette joie enfantine. On est en présence d'une œuvre d'art quand ce n'est pas ce que l'on voit qui compte, mais bien l'énergie que cela déclenche en nous.

Sur la petite étagère

J'avais entendu parler de James Baldwin bien avant de l'avoir lu. Il fait partie des rares écrivains qui ont pu sauter, un jour, la barrière de la littérature. Vers la fin des années 1960, Baldwin était une sorte de demi-dieu facilement comparable à un Muhammad Ali. Et le livre qui l'avait placé si haut n'était, en fait, qu'un mince essai rageur. Dans *La prochaine fois, le feu*, il lance comme un dernier avertissement à cette Amérique riche et insouciante qui semblait ignorer qu'elle dansait sur un volcan. Et ce feu était constamment ravivé par le racisme, l'exclusion et l'intolérance. Une

Amérique misérable (affamée, pauvre, sans aucun droit) s'apprêtait à demander des comptes à cette Amérique puissante, riche et privilégiée. Baldwin s'est alors aperçu que ces deux Amériques vivaient en fait sur deux planètes différentes. L'une, hurlant à pleins poumons sa détresse; et l'autre, qui s'était arrangée pour que ce tintamarre ne puisse jamais l'atteindre. Voilà Baldwin qui se place au beau milieu des belligérants afin d'empêcher un bain de sang. Grâce à cette sensibilité exacerbée de jeune tigre de Harlem, ses nombreux contacts dans tous les milieux, ses voyages incessants à travers les États-Unis (surtout dans le sud où on lui fait comprendre presto qu'il était moins qu'un chien), et son effarante capacité d'analyse (il trouvait facilement une cohérence dans cette montagne de faits disparates, qu'il avait rassemblés au fil des années), Baldwin avait finalement compris qu'il n'y aurait plus d'autre avertissement. Le loup ne sort pas du bois seulement parce qu'il a faim, mais surtout parce que le vent lui a apporté, une fois de trop, cette odeur de victuailles venant de ces agapes où il n'est jamais convié.

Je n'oublie pas de placer aussi, sur la petite étagère, le premier bouquin de Baldwin, *Personne ne sait mon nom*, un recueil d'essais crépitant de lucidité et d'intelligence qui annonce bien *La prochaine fois, le feu*, ce livre prophétique qui se lit en un après-midi. Les événements filaient à une telle allure, durant ces fracassantes années 1960, qu'il fallait écrire avec la vitesse et la grâce d'un sprinter empochant le 100 m.

CHAPITRE VII

Question de la race en Amérique

NOIR/BLANC

C'est un thème que le voyage m'a apporté, et qui m'a enrichi d'une certaine manière tout en m'appauvrissant aussi. Sexe + race = politique. Je ne connaissais en Haïti que la pâle variante Noir/Mulâtre. Noir + Mulâtre = fantasmes. Pour un Haïtien, le thème Noir/Mulâtre est complètement miné. Il évoque les démons intérieurs du colonialisme. La charge émotionnelle me semble si forte qu'elle rend le mot *mulâtre* quasiment indéchiffrable et peut-être inutilisable. Alors qu'en Occident le mot *mulâtre* n'a aucune résonance. C'est pourtant la seule chose que l'Europe partage vraiment avec l'Afrique. En arrivant à Montréal, j'ai tout de suite compris qu'il fallait changer le couple Noir/Mulâtre par Noir/Blanc. Noir/Mulâtre est un débat pour consommation locale, tandis que Noir/Blanc, en engageant de manière assez sanglante les deux extrémités du spectre, est devenu une des questions les plus angoissantes de notre temps. J'ai tout de suite fait mon choix. Ce n'est que beaucoup plus tard que j'ai osé aborder le thème de Noir/Mulâtre, dans le roman *La chair du maître*. C'est vrai que le voyage m'a permis d'élargir mes thèmes, mais toutes ces stratégies et astuces ont fini, à la longue, par bouffer toute mon énergie.

LE COLONIALISME

Souvent on me demande, surtout en France, pourquoi j'ai choisi Montréal et non Paris. Les gens ont une vision bien naïve des choses de la dictature. Quand on doit quitter un pays comme Haïti, on n'a pas le temps de choisir sa destination. On le fait souvent à la sauvette. Deux jours avant mon départ, je ne savais pas encore que je devais partir d'Haïti pour toujours. On n'est maître de son destin nulle part, mais dans certains pays, comme Haïti sous la dictature, on vous le fait sentir bien plus qu'ailleurs. J'ai dû filer en vitesse après la mort de mon meilleur ami, le journaliste Gasner Raymond, assassiné par les tontons macoutes de Duvalier. Mais le destin, en me jetant sur les rives glacées du Saint-Laurent, a fait un meilleur choix que je n'aurais pu faire. C'est un pays où les gens parlent français (c'est un bon point, mais je dois dire que, dans mon cas, la langue n'est pas le critère définitif qui détermine l'endroit où je dois vivre. Au contraire, je rêve de tout temps de débarquer un jour dans une nouvelle ville sans savoir la langue du pays et ignorant totalement les mœurs locales). Par contre, ce qui m'a attiré, dès le départ, au Québec, c'est le fait que ce soit un pays à la fois si différent et si proche de celui que je venais de quitter. Les gens, ici, sont de tempéra-

ment modeste, contrairement à Haïti où la mégalo-
manie est un sport national. C'est vrai, le Québec est
un pays économiquement aisé, mais, croyez-moi, je
ne suis pas nostalgique de la misère. Le Québec est
un des rares pays du nord à ne pas avoir un passé de
colonisateur (bon, il y a le problème des Indiens, mais
si vous cherchez la perfection dans ce monde, mon
vieux, vous risquez d'être très déçu). Grâce à cette situation exceptionnelle (les Québécois se présentent
comme les Nègres blancs d'Amérique) j'ai pu éviter
les interminables et ennuyeux débats sur le colonialisme qui constituent le menu ordinaire des écrivains
sénégalais en France ou pakistanais en Angleterre.
Bon, cela ne veut pas dire que les Haïtiens, par exemple, ne rencontrent pas de problèmes au Québec. Tout
d'abord, ce sont des tempéraments si violemment dis-
tincts. Faut dire que les Haïtiens sont si mégalomanes
qu'ils croient avoir inventé un certain type de problème, connu sous l'appellation contrôlée de « problème haïtien ». S'ils n'ont pas inventé la dictature, ils
estiment que Duvalier est le plus grand dictateur de
tous les temps. Pour eux, les Blancs n'ont jamais de
problème, ce sont de grands enfants qui pleurent pour
rien (c'est vrai qu'ils ont raison quand on compare la
dictature des Duvalier qui a duré près de trente ans
avec le fameux mois d'octobre 1970 au Québec qui,
justement, n'a duré qu'un mois). Pourtant, il y a des
obsessions communes : la dictature (Haïti), la langue
(Québec, Haïti), l'indépendance (Québec), la démocratie (Haïti), la constitution (Québec en rêve, Haïti
n'en veut plus), l'hiver extrême (Québec), la chaleur
insupportable (Haïti), etc. Et une flopée de problèmes
mineurs, mais pas le colonialisme. Au contraire, le

Québec craint toujours de se faire avaler par l'Anglo-saxon. Quelle chance pour un jeune homme de vingt-trois ans qui ne voulait ni crever dans les prisons de Duvalier ni finir dans les marécages des débats interminables à propos de la culpabilité occidentale (rien de plus obscène que les sanglots de l'homme blanc). Sans oublier la mauvaise foi des ex-colonisés. Aujourd'hui encore, je me demande par quel hasard j'ai atterri au Québec, évitant ainsi cette brûlante question du colonialisme qui a rendu malades des générations entières d'intellectuels du tiers-monde. Je n'entends parler de colonialisme que quand je suis invité dans un colloque en Europe. Alors là, on n'y coupe pas, et cela même si le sujet concerne la physique nucléaire. Au fond, c'est tout à fait vrai, la physique nucléaire est un sujet gorgé de questions explosives sur le colonialisme. Et d'abord qu'est-ce que le colonialisme ? Aimé Césaire croit y avoir répondu de façon définitive dans son essai magistral. Tu plaisantes, Aimé, ce sujet renaîtra sans fin de ses cendres. C'est l'or du siècle. Je parierais qu'il traversera allégrement le XXIe siècle. La seule façon de l'éviter, c'est de ne jamais vivre dans un pays qui vous a colonisé. Il n'y a pas de dialogue possible avec un tel sujet au centre. Je ne parle pas, ici, de guerres ancestrales, de haines recuites qui auraient franchi l'épreuve du temps, je parle de la simple conversation quotidienne gangrenée par les rappels historiques des uns et la culpabilité des autres. Le terrain étant complètement miné, la méfiance règne des deux côtés de la barricade. La plus anodine interrogation fait référence directement au colonialisme. Alors qu'est-ce qui reste quand le colonialisme disparaît ? Au Québec, où cette situation n'existe pas, on fait face à un racisme sans histoire. Un racisme disons plus spontané, moins réfléchi. Un racisme qui n'est rattaché à aucun passé colonial. Un tel racisme sans racines fait apparemment moins mal. On a l'impression que les gens ne savent pas trop bien de quoi ils parlent. Et que, nous les Noirs (les professionnels du racisme), on pourrait leur en apprendre un bout sur la question. Cela vous gonfle l'ego et pourrait faire oublier momentanément l'insulte (les Haïtiens pensent que les Québécoises ne sont pas de vraies Blanches puisqu'il leur arrive d'épouser des Noirs). Tandis que le colonialisme me paraît un racisme totalement intériorisé. Un racisme avec un passé. Presque sans espoir de guérison.

L'AMÉRIQUE

Le problème de l'identité se pose à chaque être humain. Pour celui qui voyage, il peut devenir dramatique. À la question : « Qui suis-je ? » je réponds par cette autre question : « Où suis-je ? » Et la réponse tombe avec une netteté éblouissante : « Je suis en Amérique. » J'étais plongé jusqu'au cou dans cette réflexion quand j'ai senti une ombre près de moi. Un tout jeune rasta (*dread locks*, colliers, sandales, un portrait de Bob Marley sur son t-shirt) me regarde étrangement.

— Excuse-moi, *man*, je ne voudrais pas te déranger dans ta méditation...

— Non, ça va.

— Je travaille pour un magazine. C'est pas un grand truc, *man*. J'aimerais te poser quelques questions, si ça ne te dérange pas trop. Je t'ai déjà entendu à la télé...

Il s'arrête de parler pour me regarder un long moment en souriant.

– Tu vois, *man*, j'ai rêvé de toi, hier soir. J'arrive ici et je te trouve. Je crois dans ce genre de trucs... Tu me comprends, *man* ?

Il sort son calepin.

– J'aime pas les appareils qui enregistrent, *man*. On ne doit pas mettre en cage la voix humaine. C'est le souffle de l'esprit. Je vais utiliser mon crayon, si tu permets.

Il prend le temps d'aiguiser calmement son crayon. Il ne semble jamais pressé. Et quand il a fini de faire tout ce qu'il avait à faire, bien calmement, il me regarde longuement, sans sourire cette fois.

– Bon, on va y aller, *man*... Je vais te laisser parler, car je veux apprendre quelque chose de toi. C'est ça le but de ma journée aujourd'hui. Les gens ne veulent plus apprendre. Ils ne laissent plus parler les autres. Je t'ai vu à la télé, mais ça va toujours trop vite pour moi, ce machin-là, on n'a pas le temps de bien expliquer ce qu'on veut dire. Alors, on commence ?

– Je suis prêt.

Il sourit. Je n'ai pas l'impression qu'il travaille pour un magazine quelconque, mais je suis disposé à répondre à ses questions. C'est cela le drame : pour me parler, ce type se croit obligé de me raconter une salade. Pour lui, je ne suis pas du genre à perdre mon temps. Parce que, d'après lui, ce temps ne m'appartient plus. Il a été investi dans cette sacrée course vers le succès.

– Te considères-tu comme un écrivain antillais ?

– Écoute, je suis vraiment fatigué de tous ces concepts (métissage, antillanité, créolité, francophonie) qui ne font qu'éloigner l'écrivain de sa fonction première : faire surgir au bout de ses doigts, par la magie de l'écriture, la fleur de l'émotion. Naturellement, je suis contre tout ce qui s'écrit à propos des Antilles. Je suis contre le terme *Antilles* pour définir cet ensemble d'îles qui se trouvent en face du golfe du Mexique. La référence à la colonisation, dans ce cas, me semble trop pesante. J'ai, depuis quelques années, pris l'habitude de croire que nous sommes en Amérique, je veux dire que nous faisons partie du continent américain. Ce qui me permet de résoudre quelques petits problèmes techniques d'identité. Car, en acceptant d'être du continent américain, je me sens partout chez moi dans cette partie du monde. Ce qui fait que, vivant en Amérique, mais hors d'Haïti, je ne me considère plus comme un immigré ni un exilé. Je suis devenu tout simplement un homme du Nouveau Monde. Ce terme traîne dans son sillage un tel vent de fraîcheur qu'il faudra bien penser à le réactiver. Le Nouveau Monde. Le matin du monde. Les États-Unis, faut-il le rappeler, n'ont pas le monopole du vocable *Amérique*. De plus, je remarque qu'il m'est aussi possible, quand je discute avec les Européens de mon américanité (ce sentiment fiévreux d'appartenance à cet immense continent où je suis tout de même né), d'éviter l'ennuyeux débat sur la colonisation.

– Et le mot *Caraïbes*, il te fait chier aussi ?

– J'ai longtemps préféré le terme *Caraïbes* (qui me fait penser à une sorte de crabe carnivore) à celui d'*Antilles*. Le mot *Antilles* m'incite à la rêverie. Je vois un chapelet d'îles légères et fleuries, toutes pimpantes au milieu d'une mer turquoise. Cela me semble bien loin de la réalité haïtienne. Le mot indien *Caraïbe*, qui désigne cette tribu qui bouffait, avec j'imagine beaucoup d'appétit, de la chair humaine, me semble plus proche du caractère de l'Haïtien d'aujourd'hui. Mais le monde de l'Indien, comme celui de la colonisation, est un monde définitivement mort. Du moins pour moi. Exit alors *Caraïbes*. Quant à *Antilles*, trop sucré à mon goût, ça me soulève le cœur.

– Et le métissage ?

– On parle de métissage depuis quelque temps. Ce concept est-il plus ancien que celui de créolité ou est-ce le dernier à la mode ? Je ne suis pas très au fait de ces choses-là. Créolité et métissage, ça fait un peu blanc bonnet et bonnet blanc. J'avoue que je n'ai mené aucune recherche de ce côté. À vue de nez, le métissage semble concerner la planète, si l'on admet qu'à ce jour il ne doit plus rester de race ou de langue pure dans le monde (si cela avait seulement existé). Bon, j'ai l'impression de traverser un champ de mines. Me faire sauter à cause d'un sujet qui ne m'intéresse même pas, ce serait vraiment dommage. Une légère distraction et on tombe dans un autre univers. Comme dans les cauchemars. Juste avant que les types s'amènent en brandissant leurs machettes, je dois confirmer, si on en doutait, que je déteste le ghetto, même conceptuel. La niche intellectuelle. Il me faut admettre tout de même qu'une bonne trouvaille conceptuelle peut attirer les projecteurs sur votre travail. Sans le concept de réalisme merveilleux, établi par l'écrivain cubain Alejo Carpentier, certains lecteurs européens auraient ignoré jusqu'à ce jour les romans de Carpentier, d'Alexis, de Márquez ou d'Amado. Hors du centre, tout écrivain doit se faire précéder d'un label phosphorescent qui permet de l'identifier de loin (surtout la nuit), sinon comment le retrouver dans la masse de livres qui encombrent toutes les bonnes librairies ? Peut-on s'amener tout nu avec son livre sous le bras ? L'image n'est pas juste parce que, dans ce cas, on risque d'attirer plus d'attention sur son corps que sur son livre. Peut-on s'amener simplement avec son livre sous le bras ? Non, parce que dans ce cas vous n'aurez aucune chance. « Vous êtes de quel groupe ? – Je suis antillais. – Vous êtes dans la créolité alors ? – Je fais plutôt dans le métissage. – Ah bon, je vois, c'est intéressant, on doit pouvoir arranger quelque chose dans ce sens. Nous sommes en train de préparer une petite table ronde avec un Vietnamien, une Guadeloupéenne, quelqu'un de l'océan Indien et un Allemand. – Un Allemand ! – Oui, mais il a épousé une Sénégalaise. » Quand j'entends le mot *métissage*, je sors mon pénis.

Le journaliste rasta est maintenant plié en deux.

– Tu me fais rire, *man* ! T'es vraiment *cool* ! Tu devrais écrire pour le théâtre, je te le jure, *man*...

– Pour écrire, c'est un crayon qu'il me faut. Et la liberté la plus totale. Je n'écris surtout pas pour illustrer un concept. J'écris pour me surveiller. J'ai une intériorité aussi. Je ne tiens pas à passer ma vie à m'expliquer. Au contraire de ceux qui croient que l'art doit éclairer ce qui est obscur, je pense plutôt que l'artiste, au risque de se perdre, doit s'enfoncer jusqu'au cœur des ténèbres. De ce fait, je n'écris pas, dois-je le répéter, pour défendre et illustrer la créolité, le métissage ou la francophonie. À mon avis, la moindre parcelle d'émotion humaine me semble supérieure au plus beau concept. C'est pour cela que toutes ces études pointues sur les mythes, les contes, les fables et les légendes qui accompagnent généralement ce genre de mouvement culturel dont le but final est souvent la défense de la race, de la classe ou de la langue, me font bâiller d'ennui. Alors, je ne vois pas pourquoi, dès qu'il s'agit de la Caraïbe, on doit changer de registre et aborder avec autant de respect des thèmes qu'on interdit, par exemple, aux Allemands. On me dira qu'il ne s'agit pas ici d'indigénisme ou de négritude, mais plutôt de métissage, et on me fera remarquer vivement que si la négritude exclut en un certain sens l'autre, le métissage, au contraire, absorbe toutes les composantes humaines possibles afin de créer un nouveau cocktail puissant et dynamique. Alors, pourquoi je n'arrive pas à prendre ce train ? D'où vient ce malaise ? ce sentiment étrange que tout cela (indigénisme, négritude, créolité, francophonie, et maintenant métissage), c'est du pareil au même ? On pourra toujours, et avec raison, m'accuser de mauvaise foi.

– Wow, *man*... J'aime ça, *man*, j'aime qu'on démolisse tout. Table rase...

Un moment de silence.

– Mais qu'est-ce qui reste alors ? me demande-t-il comme en se réveillant.

– L'écrivain... un être qui devrait pouvoir aller partout où il veut. On ne devrait jamais s'inquiéter de ses racines, un peu comme celui qui marche oublie naturellement qu'il a des jambes. C'est le cadet de ses soucis, tout en sachant que sans jambes il ne pourrait pas marcher. Tout ce remue-ménage me rappelle un

peu trop les ethnologues qui venaient étudier nos manières et nos coutumes, et qui finissaient toujours par
savoir beaucoup plus sur nous-mêmes que nous.
Faut-il leur rappeler que ce qui est vraiment important ne s'apprend pas ? On l'a ou on ne l'a pas. C'est
comme ça. Aujourd'hui, c'est plus grave, puisque
c'est nous qui entendons ouvrir le ventre de la poule
aux œufs d'or. Disons-le tout net : c'est notre propre
ventre que nous voulons ouvrir, oubliant tout sens du
secret. Je comprends cela venant d'un chercheur qui
entend braquer son projecteur sur tout ce qui bouge
(et même sur les objets inanimés), mais pas d'un écrivain qui espère garder les choses dans leur lumière
naturelle. Et je peux t'assurer que c'est du travail.

— Quel travail ?

— L'énergie qu'il faut déployer pour arriver à garder les choses et les êtres dans leur lumière naturelle.
C'est la seule exigence que je pose.

— Ouais, c'est ce que je voulais t'entendre dire,
man... T'es un vrai !

Il remet son calepin dans son sac en toile.

— Je ne peux pas savoir si l'article paraîtra, mais
je t'ai entendu, *man*, et je peux dire que tout est resté
gravé là.

Il touche légèrement son front. Je le regarde, un
moment, s'en aller en dansant.

L'INVENTION DE L'AMÉRIQUE MODERNE

Il arrive qu'on rencontre trois fois la même personne
dans une même matinée. Il s'agit, ici, d'un peintre
américain mort il y a déjà trente-sept ans : Edward

Hopper. Je ne parle pas de Hopper lui-même, mais de ses multiples projections dans le temps et l'espace. Un bon artiste ne disparaît jamais tout à fait. Sa meilleure part, c'est-à-dire son œuvre, continue encore son chemin pour finir par nous atteindre un jour. Les contemporains font leur choix, et le temps, sourd aux rumeurs de la renommée, fait, en toute indépendance, le sien. Les contemporains privilégient souvent l'artiste; le temps, l'œuvre. J'ai l'air d'enfoncer des portes ouvertes, mais la publicité a pris une telle place dans nos vies qu'on aurait tendance à oublier cette ultime forme de justice.

Je déambule au centre-ville tout en pensant à la nouvelle position des États-Unis dans le monde. Et à l'inquiétude croissante que cela crée chez les gens. Chez les Américains aussi. Il y a à peine quatre ans, c'était encore un pays décent. Le monde jouissait d'une relative paix, car l'Amérique ne semblait se préoccuper que de faits divers locaux (les affaires Clinton et O. J. Simpson). Tout cela nous paraissait dans la droite ligne de cette bonne Amérique puritaine que nous connaissons si bien. Et pendant que l'Amérique se débobinait tout doucement sous nos regards vaguement étonnés, l'Europe se faisait, la Russie se «tiersmondisait» et la Chine, comme une vieille araignée, attendait son tour. On s'ennuyait déjà un peu tant cela nous semblait prévisible.

Et voilà qu'arrive Bush, élu de manière suspecte par cette ringarde Floride, et tout bascule subitement dans une sorte de troisième zone où la logique a décampé pour céder la place à la simple volonté de puissance. Je me disais que, malgré tout, ce serait injuste de croire ou de faire croire que Bush est à lui seul l'Amérique. Cette Amérique que le doute n'effleure pas, et qu'il veut imposer à la planète, en cache une autre qui me semble plus authentique, celle de Hopper. Et que, d'une certaine manière, l'Amérique de Bush qui est un sous-produit de celle de Reagan risque de s'effondrer, un jour, minée au ventre par celle de Hopper.

Une maladie incurable

J'ai croisé trois fois en moins d'une demi-heure, rue Sainte-Catherine, l'artiste américain Edward Hopper dont je suis depuis longtemps un inconditionnel. Je me suis souvent demandé lequel de ces deux artistes, Hemingway ou Hopper, aura le plus contribué à donner sa forme définitive à l'Amérique moderne? Hopper a beaucoup lu Hemingway. Celui-ci connaissait-il le peintre? En tout cas, les œuvres s'interpénètrent. Le désespoir d'Hemingway s'exerce dans cet éclairage égal qu'il jette sur tout ce qu'il voit, les gens comme les paysages. Hopper remarque encore les ombres, ce qui injecte dans ses toiles cette forte dose de nostalgie. On le sent parfois à la limite de basculer dans un monde défunt. Ce qui le garde avec nous c'est d'abord la netteté de ses lignes, ces couleurs si vives qu'elles nous aveuglent, et cette obsession maniaque pour des thèmes si chers à Hemingway: la solitude, le silence impénétrable des individus emmurés dans leur univers, et une certaine forme d'héroïsme qui pourrait se résumer à un furieux désir de se tenir debout et de marcher droit malgré la perspective d'une fatale déchéance. La différence entre Hopper et Hemingway, c'est que Hopper croit que l'artiste doit rester dans l'ombre pour garder sa force intacte. Il n'est que la pile qui alimente son univers (personnages et paysages) en énergie. Tandis qu'Hemingway s'est toujours cru lui-même un personnage d'Hemingway. En ce sens, il y a une candeur chez Hemingway, d'où ses rodomontades, qui n'existe nullement chez Hopper.

C'est, d'abord, en feuilletant un magazine que je découvre cette importante rétrospective des œuvres d'Edward Hopper que présente, ces jours-ci, à Londres, la Tate Modern Gallery. Continuant ma flânerie ensoleillée (ah, toutes ces jeunes filles en robe d'été...), je remarque à la vitrine de cette discrète librairie où l'on ne vend que des classiques de la littérature anglo-saxonne, le magnifique catalogue que Gail Levin avait préparé sur l'œuvre d'Edward Hopper pour l'exposition de 1980 du Whitney Museum, un bouquin que j'ai sûrement dans l'entrepôt où se trouvent mes caisses de livres depuis mon déménagement à Montréal. Comme il me le fallait tout de suite, par un besoin irrépressible de revoir l'Amérique de Hopper si différente de celle de Bush et Reagan, je l'ai donc acheté. C'est, finalement, au fond d'un vieux magasin de disques que je tombe sur ce tableau qui représente de plus en plus l'Amérique dans son essence la plus juste : une courageuse plongée jusqu'au fond du puits noir de la solitude. Tout ce qui va à l'encontre de l'Amérique reaganienne, cette Amérique de l'ignorance orgueilleuse et de la richesse arrogante.

La guerre

Ce tableau, c'est *Nighthawks*, 1942. Il ne parle pas de la misère ou des blessures de guerre, qui sont des malheurs terribles mais remédiables si l'on veut, mais d'une blessure incurable parce qu'invisible à l'œil nu : la solitude. On l'a tous vu au moins une fois, ce tableau. La scène se passe la nuit dans un bar de Manhattan, un de ces derniers endroits où l'on se retrouve quand tout est fermé, vers trois heures du matin. L'architecture du café est assez étrange : on dirait un navire qui vient d'échouer sur un banc de sable. Les couleurs sont sombres, sauf les visages un peu blafards des quatre personnages. Un éclairage de néon. Deux hommes en chapeau mou, un serveur dont le blanc de l'uniforme semble absorber une grande partie de la lumière, et cette femme rousse habillée en rouge qui habite plus souvent nos rêves que la réalité.

Ce n'est pourtant ni un rêve ni la réalité. L'impression suffocante d'un entre-deux. Personne ne semble s'intéresser à ce que l'autre est en train de vivre. Chacun semble emmuré dans son personnage. L'homme seul qui nous fait dos dans le coin gauche du tableau n'est rien d'autre qu'un homme seul. On sent qu'à refaire inlassablement les mêmes gestes, le serveur a fini par atteindre cette perfection qui en fait finalement un automate. L'autre homme joue, naturellement, au dur. On ne voit que son nez de rapace sous un chapeau gris. C'est le genre qui plaît aux femmes. En fait, ce n'est qu'une pâle copie de Bogart. La femme en rouge, une ancienne beauté aujourd'hui ravagée par les nuits blanches, l'alcool et la solitude. Nous sommes en 1942, et la guerre fait rage en Europe.

La fondation des mythes

Comme tout jeune artiste américain, Hopper avait fait quelques voyages à Paris. Comme tout vrai solitaire, il s'est posté dans un café à regarder passer les gens au lieu d'aller visiter les musées ou de faire des pèlerinages dans les studios des grands peintres. Finalement, agacé, il est rentré aux États-Unis en grommelant qu'il ne pourrait jamais être un Français, qu'il est définitivement un Américain. Mais qu'est-ce que c'est qu'un Américain ? C'est à cette question qu'il s'attelle. Il se met à regarder ce pays. Ses montagnes, ses arbres, ses couleurs (le jaune, l'ocre, le vert, le blanc). De 1916 à 1919, c'est une véritable orgie. Il cherche à se perdre dans l'espace américain. Le mot orgie n'est pas juste, il suggère de la sensualité alors que dans son cas, il faut voir plutôt une certaine spiritualité. Une spiritualité primitive. Le rapport avec le dieu soleil qui lave tout : les rochers, les montagnes, les arbres, les buildings, et les gens.

Tout cela va culminer dans ce tableau aveuglant de blancheur (*Summertime*, 1943) où l'on voit une jeune fille debout devant sa maison. Tout est blanc, sauf le ruban bleu du chapeau, la petite bouche rose, et les chaussures noires. Une simple robe blanche qui met discrètement en valeur ses seins. Elle se donne au soleil. Quelques années avant sa mort, Hopper renoue avec ce thème. Dans *People in the Sun*, 1960, cinq personnes sont assises, tout habillées, le regard rivé sur le soleil. L'impression d'une secte en prière. Dans *Second Story Sunlight*, 1961, c'est un couple jouissant du soleil sur la terrasse d'un joli cottage blanc. La femme est blonde, comme souvent chez Hopper. Il y a aussi ce tableau (*A Woman in the Sun*, 1961) où l'on voit une femme nue, debout au milieu de sa chambre, face à la fenêtre ouverte. Son regard de somnambule se trouve équilibré par cette cigarette qu'elle tient à la main droite. Cette cigarette désacralisante est un trait moderne chez Hopper. Quand Hopper a peint un autre étrange tableau (*Sun in an Empty Room*, 1963) qui montre une chambre vide avec sa fenêtre vitrée par où entre un flot de lumière, quelqu'un lui demanda ce qu'il cherchait dans ce tableau, il répondit spontanément : « moi-même ». Hemingway a peur du vide ; Hopper l'affronte.

La solitude à deux

Les couples se parlent sans jamais se regarder chez Hopper. Et cela même après l'amour. Nulle tendresse. Dans *Summer in the City,* 1949 (on dirait des titres de film), l'homme est couché sur le ventre, nu. La femme assise sur le lit, déjà chaussée. Elle semble ailleurs. Dix ans plus tard, Hopper refait le même tableau, *Excursion into Philosophy*, à la différence que c'est la femme qui est couchée. Elle porte un corsage rose qui met en relief ses jolies fesses de femme de quarante ans. Un livre est ouvert sur le lit. L'homme semble plongé dans d'angoissantes réflexions. Il est complètement habillé. Quel monde !

Mais le tableau qui m'a broyé le cœur, c'est *Room in New York*, qu'il a peint en 1932, à cinquante ans. La scène se passe dans une chambre sans fenêtre. Un couple. L'homme semble avoir cinquante ans lui aussi ; la femme est plus jeune. L'homme lit son journal. La femme est au piano. Une charmante intimité. Alors pourquoi cette impression d'ennui mortel ? Quand on regarde attentivement, on voit que la femme ne joue que d'un doigt.

Dans ces temps incertains où Bush semble vouloir un destin planétaire, il est bon que Hopper nous fasse pénétrer dans l'intimité de cette Amérique pour nous en montrer les failles et les blessures. On a vite compris que seule la guerre peut masquer une telle faillite. On se demande toujours pourquoi les Américains continuent à appuyer Bush. C'est la masse de ces échecs individuels qui se convertit finalement en puissance collective.

CHAPITRE VIII

La guerre linguistique
fait rage sur la planète

LA LANGUE

Avant d'aller à l'école, à Petit-Goâve où j'ai passé mon enfance avec ma grand-mère, j'ai surtout parlé créole. Ma grand-mère est un personnage exceptionnel qui a illuminé mes premières années. Elle m'a nourri d'histoires, de contes et de proverbes créoles. Il n'y a pas eu que cet aspect un peu folklorique. Toute la vie quotidienne se passait en créole. C'est une langue que je parle sans y penser. Et c'est dans cette langue que j'ai découvert qu'il existait un rapport entre les mots et les choses. En créole, il y a des mots que j'aime entendre, des mots que j'aime dire, des mots qui me sont bons dans la bouche. Des mots de plaisir, liés surtout aux fruits, aux variétés de poissons, aux désirs secrets (des mots à ne pas prononcer devant les grandes personnes), aux jeux interdits. Et aussi des mots solaires qu'on peut dire à haute voix, partout, et qui sont sonores, chauds, sensuels sans pourtant faire référence à la sexualité. C'est tout un monde, aussi complexe que le monde des choses, que je découvrais au fur et à mesure. Le mot *mango* évoquait non seulement l'odeur, le goût, la chair, mais aussi le poids de la mangue. En plus, c'est un mot qui me faisait rire. Je le trouvais drôle, je ne sais pas pourquoi. Après ce long, magnifique et libre apprentissage, j'appris avec ahurissement qu'il me fallait aller à l'école. Quelle idée ! Et surtout pourquoi ? Moi qui venais d'apprendre une langue tout seul, sans connaître les mots, sans grammaire, et cela en moins de trois ans. Moi qui étais capable d'emmagasiner des centaines d'images, de mots, de situations dans ma tête, dans mon corps, dans mon cœur. Moi, le jeune demi-dieu de Petit-Goâve, qui régnais sur un monde vaste, complexe, vivant, grouillant, toujours affairé : l'univers des bestioles. Les fourmis, les mouches, les papillons, les libellules disparaissaient à ma vue, sinon je les emprisonnais dans des bouteilles ou des boîtes d'allumettes vides. Il me fallait maintenant aller à l'école. Pour apprendre ce que je savais déjà. Oui, me répondait-on, mais cette fois-ci en français. Et c'est quoi le français ? Un fruit exotique, une variété de poisson ou un mot obscène ? Non, c'est pire, une nouvelle langue. Mais j'en parle déjà une, pourquoi en apprendre une autre ? Personne n'a jamais pu répondre directement à cette question. On me donnait toutes sortes d'explications. Mais j'ai su très vite de quoi il s'agissait. Il me fallait connaître le français si j'espérais être traité comme un être humain, car ceux qui parlaient uniquement le créole étaient perçus comme des sauvages. On me faisait voir qu'en parlant français j'aurais la possibilité de converser avec des gens venant de presque tous les pays du monde. Et si je ne voulais pas leur parler ? On m'expliquait alors que la très grande majorité des livres, et même ceux qui racontent mon univers haïtien, étaient écrits en français, et qu'en fin de compte c'était cela une langue de civilisation. La conclusion semblait simple : j'avais le choix entre rester un petit sauvage créole ou devenir un être civilisé. Poser un tel fusil contre la tempe d'un enfant de quatre ans ne me semble pas aujourd'hui un acte vraiment civilisé.

La guerre des langues

Quelques années plus tard, je suis allé à Port-au-Prince continuer mes études secondaires. Et là, la bataille faisait rage autour de « la question nationale », comme on disait à l'époque. Des jeunes gens en colère entendaient redonner au créole sa vraie place. Et celui qui parlait français était vu comme un traître, un colonisé, un acculturé, enfin il n'y avait pas de mots assez méprisants pour le nommer. Les valets de l'impérialisme français, les dénaturés, les faux frères, les fourbes. C'est ainsi que presque tous mes copains se sont embarqués joyeusement, comme des marins en goguette, dans l'affaire de la langue. Le mot d'ordre c'était de vivre en haïtien (voilà une expression assez mystérieuse pour ma part). Il ne s'agissait pas seulement de parler créole, il fallait vivre en créole. Comment faire ? Personne ne savait trop. On s'était déjà trop frotté à l'autre, à l'étranger. On avait comme perdu de son authenticité (voilà le maître mot de cette époque un peu survoltée). Mais qui pouvait encore être authentique ? Ah oui, le paysan. L'absence de bonnes routes nationales a fait en sorte que le paysan haïtien est toujours encaserné chez lui, dans l'arrière-pays, depuis deux siècles. Étant difficilement accessible, il est resté « nature », donc authentique. Voilà le raisonnement d'une génération avide d'identité. On se dépêchait alors de manger, de danser, de faire de la musique, de faire la cour, et surtout de parler comme le paysan. Le créole avec cet accent pointu, de mise il n'y a pas si longtemps, était maintenant banni, ostracisé, ridiculisé même dans les salons les plus huppés de Pétionville. Les contes, les fables et les proverbes de ma grand-mère étaient redevenus à la mode. C'est dans cette atmosphère de grande excitation que j'ai quitté Haïti, poussé, je dois dire, par la situation politique, qui, elle, s'était de plus en plus détériorée.

Qui choisir ?

J'arrive à Montréal et je tombe tout de suite dans le débat national : celui de la langue. Je venais, il y a à peine cinq heures, de quitter, en Haïti, un débat sauvage sur la langue, où le français symbolisait le colon, le puissant, le maître à déraciner de notre inconscient collectif, pour me retrouver dans un autre débat tout aussi sauvage où le français représente, cette fois, la victime, l'écrasé, le pauvre colonisé qui demande justice. Et c'est l'Anglais, le maître honni. Le tout-puissant Anglo-Saxon. Qui choisir ? Vers quel camp me diriger ? Mon ancien colonisateur : le Français, ou le colonisateur de mon ancien colonisateur : l'Anglais ? Le Français, ici, fait pitié, mais je sais aussi qu'il fut un maître dur. Finalement, j'opte pour une position mitoyenne. Je choisis l'Américain. Je décidai d'écrire mon premier livre suivant la leçon d'Hemingway. Dans un style direct, sans fioritures, où l'émotion est à peine perceptible à l'œil nu. Et de placer l'histoire dans un contexte nord-américain : une guerre raciale dont le nerf est le sexe. Le sexe et l'argent. Rien de caribéen où l'érotisme est généralement solaire, tropical, et consommable. Ici, le sexe se fait sans sentiment. Le sexe politique. J'avais réglé le cas de la France d'une manière inusitée : en lui faisant, simplement, affronter un monstre plus fort qu'elle. L'Amérique. Mais quelle Amérique ? Le Nouveau Monde. J'avais découvert par hasard qu'Haïti était située en Amérique, donc que Petit-Goâve où j'ai passé mon enfance avec ma grand-mère se trouvait aussi en Amérique. Au cœur du Nouveau Monde. Un monde à la fois réel et rêvé.

L'ARGENT

Bien sûr, la langue est très importante et même très active dans les jeux interdits (ou les jeux de pouvoir), mais que voulez-vous, le sexe c'est le sexe. Et pourquoi ? Eh bien, à cause de l'argent. Je cherchais un moyen de sortir, au début des années 1980, du circuit européen (la civilisation, le raffinement, l'élégance), et tout ce que j'ai trouvé c'était l'argent. Le sexe et l'argent. Tout ce qui oppose l'Europe, disons la France (c'est la France mon obsession), à l'Amérique se trouve résumé dans ces deux mots : *sexe* et *argent*. L'Amérique semble pudique, mais tout de même fascinée par le sexe, tout en étant si hardie à propos de l'argent. Quant à la France, elle affiche une permissivité extrême face au sexe, tout en se voilant la face devant le mot *argent* (le mot, mais pas la chose, j'entends). Le seul mot obscène au pays du marquis de Sade, c'est le mot *argent*. J'avais décidé à ce moment-là de faire rimer le mot *poésie* (le mot le plus pur de la langue française) avec le mot *argent*.

ÔTE TA LANGUE DE MA BOUCHE

J'ouvre mon courrier pour tomber sur ce bref message rageur d'une bibliothécaire qui vit à Lille, en France. Elle est visiblement en colère contre moi. Elle m'avait envoyé la semaine dernière une longue lettre vantant la culture française comme la chose la plus raffinée jamais mise à la disposition des humains. Naturellement, elle y est allée aussi de son couplet contre les Américains et leur façon de vouloir répandre leurs manières vulgaires sur la planète. Juste avant de dire un mot à propos de la vulgarité en général, j'aimerais préciser que, durant mes séjours dans la province française, je n'ai rencontré que des gens modestes, chaleureux, affables, tout le contraire de l'image officielle du Français. Et si les Parisiens semblaient pressés comme toujours, ils restaient courtois à mon égard. Leur vivacité d'esprit peut exaspérer de prime abord, mais il suffit de leur répondre du tac au tac pour que tout se termine par un bon gueuleton abondamment arrosé. Donc, je n'ai pas de problèmes majeurs avec les Français, sauf quand ils parlent de leur culture. J'ai de la difficulté à comprendre qu'on puisse s'aimer à ce point. On est ici en présence d'un vrai cas clinique.

Parlons maintenant de cette question de vulgarité. Ce que je trouve vulgaire, c'est de vouloir rentrer dans la gorge des gens sa langue, sa culture, son histoire ou de vouloir faire de ses drames personnels les problèmes du monde entier. On me dira que c'est ce que font les Américains en ce moment. Oui, mais les Français (les Anglais, les Espagnols et même les Portugais) l'ont fait avant, et le referont dès que ce sera possible. La France, pour nous consoler de cette colonisation de notre esprit, nous fait suavement remarquer que son produit culturel est plus raffiné que celui des Américains. On se demande alors ce que vaut la parole d'un vendeur durant une transaction commerciale ! N'est-ce pas plutôt à l'acheteur à donner son appréciation de la marchandise ? Pas si le vendeur détient tous les réseaux de diffusion et qu'il peut nous matraquer le cerveau jusqu'à emporter notre adhésion.

Souvent, quand je discute littérature avec un Français (je devrais dire quand je discute littérature française avec un Français car cela ne lui viendrait jamais à l'idée qu'il puisse exister d'autres littératures, du moins hors de l'Europe), il s'attend à tout moment à ce que je me mette à genoux devant les dieux de sa littérature. Il peut bien se moquer, lui, du côté parfois pompeux de Hugo, ou du fait que Voltaire ne fut pas toujours le juste qu'il prétendit être, ou même du tempérament geignard de Rousseau (c'est mon préféré du groupe), mais si, moi, j'émets le moindre bémol, le voilà, ce contestataire, qui devient brusquement le grand défenseur des valeurs les plus réactionnaires de sa culture. Pourquoi un tel comportement ?

Eh bien, je crois que ce sont les séquelles de la colonisation. Quand on parle colonisation, on voit immédiatement le colonisé, et on oublie souvent le pauvre colonisateur. Après une longue période de colonisation, le colonisateur a beaucoup plus besoin de l'assistance d'un psychologue que le colonisé. Sans colonisé, le colonisateur redevient ce banal citoyen (il fallait le voir avant, en Afrique, pour comprendre ce que je veux dire) qui doit retrouver sa petite ville, son quartier, son café, ses habitudes. Alors que, sans colonisateur, le colonisé retrouve sa dignité humaine. Et aussi sa misère, car si on lui a appris, avec un fouet, à travailler pour les autres, il ne sait pas encore comment travailler pour lui-même.

Une vraie guerre

Cette dame de Lille s'était fâchée parce que je refusais de m'agenouiller devant le veau d'or de la langue française. À force de vanter le contenant, on finira par oublier qu'il faut aussi un contenu, et qu'aucune langue ne peut nous apprendre à penser, encore moins à vivre. C'est pour cela que je trouve que le mot *francophonie* traîne encore un trop lourd héritage colonial, comme j'ai toujours trouvé le mot *sexe* trop présent dans le vocable homosexuel. Un homosexuel, c'est quelqu'un qui aime quelqu'un de son sexe, mais ce n'est pas tout dans sa vie. Comme un francophone, c'est quelqu'un qui n'est pas né en France, et dont la première langue est le français. Dans ce cas, je suis un créolophone. Bon, j'accepte d'être francophone (c'est ma première langue écrite), mais ce n'est pas la seule chose qui pourra me définir. Mais comment faire comprendre cela à quelqu'un qui croit que la langue française charrie la culture française, et que dans cette culture se trouve concentré ce que les humains ont fait de mieux depuis l'*homo faber* ? D'où vient que des gens croient que ce qui est bon pour eux est bon pour la planète (on reviendra une autre fois à Bush, et au danger que représentent l'anglais et le fast-food) ?

Dans les grandes capitales du monde, le français reste encore cette langue aristocratique établie par Racine, Baudelaire et René Char. Les gens d'un certain milieu la parlent toujours avec l'accent le plus cosmopolite possible. Cette langue leur fait penser au champagne, à Sagan et à Dior. Et la France l'exporte aussi comme un produit de luxe. C'est une langue qui comprend tout de même, comme temps de verbe, l'étrange futur antérieur, le plus-que-parfait (je n'ai jamais compris ce qu'on entendait par là) du subjonctif, et le conditionnel passé deuxième forme. Vraiment, c'est du caviar. Je comprends très bien que l'élite bostonienne ou londonienne veuille apprendre une telle langue, mais pas les affamés du tiers-monde dont la survie est le seul objectif. On peut se cultiver dans n'importe quelle langue. Il y a tant à apprendre dans n'importe quelle culture.

Le jeune Français trouverait cela moins drôle si le japonais était une langue obligatoire chez lui, la langue qu'il doit savoir pour trouver un boulot et un appartement. Aujourd'hui, on ne sait pas grand-chose du japonais, mais si le Japon devient, un jour, la grande puissance militaire et économique du monde, et qu'il faut se familiariser du jour au lendemain avec la danse, la musique, la politique, le foot japonais, vous verrez qu'il s'en trouvera plusieurs pour considérer cela comme intolérable. Ceux-là mêmes qui trouvent naturel aujourd'hui qu'on apprenne leur langue, leur gastronomie, leurs vins, ou qu'on porte leurs cravates, ceux-là mêmes qui voudraient qu'on soit constamment renseigné à propos du moindre ragot qui circule dans le plus petit village de leur arrière-pays. Ceux-là seraient les premiers à prendre les armes au nom du nationalisme culturel. Alors qu'ils nous ont bien enseigné que ce qui est bon (leur production locale) appartient à l'universel et à la tradition humaine. Pourquoi serait-ce différent avec les Japonais ?

Un vrai monopole

J'ai demandé, un jour, à de jeunes Français de l'Institut français de Port-au-Prince d'où leur était venue cette idée d'enseigner aux autres leur langue. Ils m'ont répondu que cette idée n'était pas d'eux, qu'ils étaient de simples coopérants qui dépendent de l'État français. Je leur ai demandé alors s'ils avaient déjà réfléchi au caractère incongru de l'affaire. Mais ils ne voyaient là rien de bizarre, ils étaient en Haïti pour tenter de résoudre le problème de l'analphabétisme. Je leur ai montré du doigt toutes ces affiches qui présentent les châteaux de la Loire, ces posters de films de la Nouvelle Vague, ou ces portraits de tous les grands sportifs français, en leur faisant remarquer que cela ressemblait beaucoup plus à de la propagande culturelle qu'à un enseignement libre. L'un d'eux me souligna le manque de matériel didactique haïtien. Auriez-vous préféré voir les affiches des produits américains sur les murs ? me lança un autre sur un ton un peu goguenard. Cette manie de revenir toujours à l'Amérique, il y a quand même d'autres pays sur la planète, à part les États-Unis. En France, vous consommez dans un bel œcuménisme toutes les cultures, pourtant vous rêvez du monopole français pour Haïti. Je sais bien que cette guerre est autant culturelle qu'économique. Dois-je comprendre que vous êtes cosmopolite chez vous, et nationaliste chez les autres ? Un rire vif et spontané. C'est ce que j'aime avec les Français, ils n'esquivent jamais un débat intellectuel.

D'où vous est venu ce culot de faire admettre à quelqu'un qu'il a davantage intérêt à parler votre langue que la sienne ? J'aurais compris cela à une époque où les rapports humains étaient plus violents, plus frustres, et où ne régnait que la loi du plus fort (Seigneur, que faut-il faire de Bush ?), mais pas aujourd'hui. On a tant débattu des droits des peuples, depuis la Seconde Guerre mondiale, que j'ai du mal à comprendre qu'on n'ait jamais abordé celui-là : de quel droit enseigne-t-on sa langue à un autre ? Je parle de ceux qui doivent apprendre une langue tout en étant conscients qu'ils n'iront jamais dans le pays de ladite langue, de ceux qui doivent apprendre une langue parce qu'un pays riche et puissant l'a imposée un peu partout sur la planète. Je ne demande pas qu'on s'enferme dans sa langue nationale, je remarque seulement que ce sont les mêmes qui enseignent leur langue à d'autres. Et quand il y a moins de gens qui veulent la parler qu'auparavant, ils se mettent à hurler que leur langue est en train de mourir. Et la seule aide qu'on peut leur apporter, c'est de tuer notre langue afin de faire vivre la leur.

Et vous ?
Chaque fois qu'on aborde ce problème, on vous répond toujours la même chose : mais vous parlez très

bien le français, et vous ne vous portez pas plus mal, au contraire, cela semble vous avoir plutôt réussi. Justement, ce n'est pas une question de réussite. Je pourrais vous retourner la balle aussi : si vous parliez anglais, cela marcherait mieux économiquement pour vous puisque le marché anglais est le plus grand marché du monde. Mais vous voulez parler votre langue parce que vous croyez, à juste titre, qu'à travers les siècles, un peu de votre âme s'y est logée. Un peuple n'est qu'une huître qui passe le plus clair de son temps à faire cette perle qu'est la langue. On peut tout brader, mais pas sa langue. Alors pourquoi ce serait différent pour un autre ? Pourquoi pensez-vous que celui-là pourrait survivre à une telle amputation et pas vous ? Et c'est ce qui se passe sous nos yeux : des centaines de millions de gens doivent, pour survivre, parler une langue qui n'a aucun lien avec leur langue maternelle. Je comprends, dites-vous, mais que peut-on faire pour eux ? Juste reconnaître cette douleur, c'est déjà quelque chose. Arrêtez de leur faire comprendre qu'ils sont chanceux de parler une si belle langue. Une langue est belle parce qu'on vous a dit (ou démontré) qu'elle était belle. C'est un apprentissage ou un matraquage.

CHAPITRE IX

Un univers d'images

MYTHOLOGIE URBAINE
DANS LE CINÉMA AMÉRICAIN

C'est un cinéma qui carbure le plus souvent au présent de l'indicatif. Il a du mal avec le passé. Faut dire que c'est un passé si récent que l'Américain semble le porter sur son dos partout où il va. L'Amérique ressemble à une grosse cylindrée sans rétroviseur, roulant à toute allure sur la route de l'Histoire. Devant une Europe proprement médusée par ces siècles qu'elle a accumulés comme des jetons de casino, la jeune Amérique préfère croire que le passé n'est qu'une invention du Vieux Continent. Il y a des moments aux États-Unis (la mort de Kennedy ou la guerre du Vietnam), mais le temps lui-même n'existe pas. Les êtres et les choses semblent se trouver sur un même plan (entendons-nous, je n'insinue pas qu'il n'y a pas de classes sociales) comme dans une peinture naïve. D'où cette impression que la grosse cylindrée vient de surgir de nulle part pour foncer sur nous.

Le cinéma américain en dix mythes urbains :

LE TEMPS – Le temps est bien l'affaire du roman européen qui s'est complu pendant des siècles dans ce fluide passé simple. Le cinéma américain a toujours eu des problèmes avec le flash-back qui ne fait, selon lui, qu'alourdir le récit (on ne l'utilise que dans les situations de traumatisme psychologique). Le cinéaste américain ressemble à ce chauffard qui rentre chez lui, à l'aube, après une nuit de beuverie. Il ne lève jamais le pied de l'accélérateur, même quand il s'enfonce dans une ruelle sombre. On le voit tourner parfois en rond (sans jamais baisser le régime), mais il finit toujours par arriver à la maison. L'impression que si on quitte l'écran des yeux une seconde, il y aura un accident. Cette atmosphère crée un présent de l'indicatif si chaud qu'on a la sensation que tout se déroule devant nous – en direct.

LES GENS – Quand j'ai commencé à aller au cinéma, c'était encore l'affaire des rois (beaucoup de films français se passaient à la cour du roi), et des dieux (la mythologie grecque étant surexploitée). Puis la Nouvelle Vague est arrivée, mais ce fut un cinéma trop criblé de références littéraires et souvent marqué par son milieu. C'est dans un film américain que j'ai vu pour la première fois des gens qui n'étaient portés que par leur simple histoire personnelle. Aucune justification par le sang ou la culture. Juste la vie palpitante qui se déroulait devant nous.

L'histoire d'amour d'une serveuse de bar et d'un boucher pouvait donc rivaliser avec celle des princes. Et je les entendais, ces gens de la rue, raconter ces choses de la vie courante avec un accent naturel. J'avais l'habitude, auparavant, de sortir du cinéma avec quelques répliques en tête. Mais là, rien. Il a fallu un certain temps avant que je comprenne que le cinéma venait ainsi de se laver de tout habillage historique, intellectuel, culturel, pour devenir un véritable art populaire. Ils mangent comme nous, ils parlent comme nous, ils souffrent comme nous. Aucun voile entre ces gens qui vivent à l'écran et nous.

L'ARGENT – Le rapport qu'on entretient avec le temps n'est pas loin de celui qu'on a avec l'argent. L'aristocrate peut dilapider son argent, car le temps coule déjà en lui (ce fameux sang bleu). Le nouveau riche croit qu'il pourra acheter le temps avec de l'argent. C'est peut-être là la raison de cette valse de millions dans le cinéma américain. Cet argent permet de faire des films de plus en plus coûteux, ce qui a pour but ultime de rendre le cinéma pratiquement inaccessible aux pays et aux individus moins riches. Mais où va cet argent? Tout simplement dans le compte en banque des stars. Le cinéma devient alors une machine à fabriquer des stars. Ce n'est plus l'intérêt de l'histoire qui compte, mais les stars qui jouent dans le film. Et plus le cachet de la star est lourd, plus le film a des chances d'attirer le grand public. On se dit que pour coûter si cher, cet acteur, souvent pas plus talentueux qu'un autre, doit être un demi-dieu : l'acte d'aller au cinéma ne différant pas de celui d'aller à la messe.

LA STAR – Au lieu de rester engluée dans une ligne droite et horizontale (cette ennuyeuse vision du temps inventée par l'Europe où le passé précède le présent qui, lui, vient naturellement avant le futur), l'Amérique a préféré épingler son destin dans la voûte céleste. C'est pourtant Horace qui, le premier, a senti qu'il pourrait y avoir un rapport entre une étoile brillante dans le firmament et l'éclat d'un destin individuel sur terre. L'Amérique a tenté de rafraîchir cette vieille idée en y accrochant une histoire collective, la sienne. On ne veut plus de cette notion bourgeoise du temps où le passé semble avoir plus d'importance que l'avenir. Le temps est aujourd'hui une étoile là-haut. L'exemple parfait de cette notion, c'est Marlon Brando qui a été un acteur exceptionnel avant de devenir une star. Une star c'est quelqu'un qui n'absorbe plus, elle se contente de briller. Brando, vers la fin (déjà au milieu), a voulu ardemment cette situation : celle de n'avoir plus à jouer, mais à être. Il ne voulait plus plaire, croyant que c'était là une attitude de subalterne. Le droit de déplaire n'est permis qu'aux princes. Brando voulait être une étoile, pensant échapper ainsi aux règles archaïques établies sur terre. De Niro suit ce chemin dangereux : d'abord se faire pour ensuite se défaire. La tentation d'organiser soi-même sa chute. C'est un jeu qui mène souvent au suicide.

LE LIVRE – L'une des différences fondamentales entre le cinéma américain et le cinéma européen, c'est la présence de l'objet livre. C'est rare de voir un film français sans que n'apparaisse dans un coin de l'écran, à un moment ou à un autre, un livre. On voit parfois quelqu'un, assis dans un parc ou dans un café, en train de lire. Le héros (j'aime beaucoup cette expression qui remonte à mon adolescence) finit toujours par glisser un bouquin dans la poche de son veston. Le livre est pour l'Européen un objet de la vie courante. Alors qu'on peut traverser un film américain sans rencontrer le moindre livre. Il n'y a que dans les films de Woody Allen qu'on croise parfois des lecteurs dans de charmantes librairies de Manhattan.

LE RESTAURANT – Cette convivialité dans le restaurant (surtout le restaurant italien) que le regard américain rejette. Ce sont les films de mafia qui ont réconcilié le cinéma américain avec le restaurant. C'est difficile de créer cette ambiance asphyxiante propre au cinéma urbain américain quand la caméra capte une rangée de plats de spaghetti. Seuls les cinéastes italiens (Coppola, Scorsese) savent filmer un restaurant familial bondé sans perdre de vue le but : une fusillade, à la fin, où le sang ressemble à la sauce spaghetti. Par contre, on privilégie le bar. Le bar, c'est ce mélange mortel d'alcool et de solitude. Un territoire d'hommes silencieux. Le restaurant est donc italien ; et le bar, américain.

LE CHAPEAU – Je me souviens qu'enfant, j'étais allé voir un film américain, et que j'en étais ressorti impressionné par le nombre de personnes qui portaient un chapeau dans le film. Je me suis rappelé l'histoire en voyant plus tard les rappeurs avec leur casquette vissée sur le crâne. Les Américains aiment avoir quelque chose sur la tête. Et, dans certaines circonstances (à la pêche par exemple), le sommet de l'élégance c'est de porter le chapeau le plus ridicule et l'imperméable le plus chiffonné.

LA STATION-SERVICE – Il y a toujours, dans presque chaque film, une vieille voiture qui entre, la nuit, dans une station d'essence. Je me suis demandé la raison de cette scène récurrente ? Je crois que c'est une image qui remonte à l'enfance de presque chaque Américain. Quand on voyage de nuit sur de si longues routes désertes, il arrive toujours ce moment où l'on voit, au loin, ce point lumineux : une station d'essence. On y trouve souvent un homme seul travaillant à la fois à la pompe et à la caisse. Il peut arriver que dans la voiture se trouve un futur réalisateur (le jeune De Palma silencieux assis sur la banquette arrière). Des années plus tard, celui-ci se rappellera cette scène comme d'un moment à la fois poétique et poignant de son enfance.

LE VERRE DE WHISKY – Je me suis toujours demandé la raison d'un tel rituel. Dès que l'homme franchit la porte, la femme lui prépare tout de suite l'incontournable verre de whisky en glissant dedans deux glaçons. Était-ce de la publicité déguisée ? Mais du jour au lendemain, tout cela était devenu d'un tel ringard : l'homme qui entre dans la pièce en jetant nonchalamment son chapeau sur le portemanteau avant de contourner le divan pour se diriger vers le milieu du salon où une femme bien coiffée s'amène tranquillement vers lui avec un grand verre d'alcool. Ce ballet était devenu si naturel qu'on avait fini par penser que c'était la seule façon de découvrir un salon dans un film américain. Un jeune réalisateur rebelle pouvait toujours apporter de subtiles modifications à une telle scène, mais même pour les plus grands, elle semblait inévitable. Voilà un rituel que le féminisme a contribué à effacer de nos écrans.

L'OSCAR – En Europe, en France surtout, on ne comprend pas la fascination qu'exerce la cérémonie des Oscars sur les Américains. La critique ne diffère pas au fil des années : spectacle trop long, sans aucune originalité et terriblement ennuyeux. Mais l'ennui est précisément le vide aspirant (la force de l'habitude) niché au cœur de tout rituel. Ce qui étonne, c'est le fait que des millions de gens restent englués devant leur télé pour regarder pendant trois heures d'autres gens remercier leur mère, leur dieu et leur producteur. Et on se demande pourquoi personne ne tente, comme on le fait parfois en France, de faire un petit discours qui pourrait se démarquer un peu du lot commun ? N'y a-t-il donc personne aux États-Unis un tant soit peu cultivé ? La raison, c'est qu'un César ne change pas votre vie, tandis qu'un Oscar a de bonnes chances de le faire. Recevoir un César, c'est avoir la possibilité de se faire remarquer devant des millions de Français. Un inconnu qui a gagné un César pour un rôle de soutien pourrait remporter le pactole s'il se démarque par un brillant discours humaniste. Aux États-Unis, c'est le travail de l'acteur ou du réalisateur qui compte et non son habileté à discourir. En fait, on ne l'écoute pas. On le regarde, et on l'admire. Son discours était déjà dans le film. C'est pour cela que je n'avais pas compris le petit scandale qu'avait provoqué ici « le non-discours » de Denys Arcand l'année dernière. Il avait bien vu l'affaire : seuls les petits joueurs tentent encore, arrivés au sommet, de vendre quelque chose. Je vois d'ici l'étonnement provoqué dans certains milieux d'affaires américains par cet inconnu qui s'est permis de dédaigner le plus puissant micro du monde.

L'ŒIL DU CYCLOPE

L'autre soir, je regardais vaguement la télé. Je suis de ceux qui préfèrent une bonne émission de télé à un mauvais livre. Cela paraît évident, mais on trouve des gens pour dire le contraire. Pour dire quoi ? Que la télé est constamment mauvaise, et la littérature, toujours bonne. Quelle tartuferie ! Alors pourquoi une émission de télé pourrait-elle toucher jusqu'à deux millions de personnes sur une population d'à peine sept millions, tandis qu'un bon livre n'atteindra presque jamais deux cent mille lecteurs ? Et ces mêmes gens sont capables de vous postillonner un luxe de détails à propos d'une émission à laquelle ils prétendent n'avoir jeté qu'un vague coup d'œil, alors qu'ils restent évasifs à propos d'un livre qui les aurait tenus en haleine la nuit précédente. En réalité, ils ont regardé avidement ladite émission et se sont endormis après seulement trois pages du livre.

Pourquoi doit-on avoir honte de regarder la télé ? Parce qu'elle finit par abrutir ceux qui s'assoient trop longtemps en face d'elle. Mais pire que la télé, ce sont ces jeux vidéo qui font de nos enfants des légumes. Pas sûr, dit Steve Johnson, ce chercheur américain (on dirait qu'il faut s'agenouiller dès qu'on entend le mot chercheur, et baiser le sol s'il s'agit d'un Américain). Ce Johnson vient tout juste de publier un bouquin au titre fait pour jeter de l'huile sur le feu dans les foyers : *Tout ce qui est mauvais est bon pour vous*. Le genre de truc qu'on n'a pas besoin de répéter à un adolescent. C'est clair : les jeux vidéo et les mauvais feuilletons ne peuvent que rendre les gosses plus intelligents. Ces ados qui passent leur journée à éviter des pièges posés par des esprits pervers, tandis que le reste de la famille s'enlise dans des *soap opera* aux ramifications diverses, avec des finales abruptes causées la plupart du temps par des problèmes de rupture de contrat.

À côté de ces feuilletons télévisés que l'on peut suivre durant des années, *Les misérables*, de Victor Hugo, nous paraissent subitement d'une étonnante simplicité. Je ne suis pas loin de penser que *Les misérables* sont le plus gros feuilleton de l'époque. Hugo fait très télé. Zola, parfois. Balzac, surtout. Voyez, on faisait bien de l'excellente télé durant ce bon vieux XIXᵉ siècle. Flaubert, c'est du cinéma ; l'attaque de *La tentation de saint Antoine* m'a toujours fait penser à l'ouverture de *Citizen Kane*. Et Shakespeare ? Shakespeare, lui, c'est tout à la fois : télé, ciné et vidéo. Il est fort, le gros Bill.

Le gros œil

On place la télé dans la chambre à coucher. Ce gros œil cané et froid que nous regardons sans cesse. Est-ce lui qui nous regarde ? Couchés dans notre lit, on espère qu'elle nous informe sur ce qui se passe dans le lit des autres. Je crois que notre façon de regarder la télé change chaque fois que la télé, elle, change de place dans la maison.

Dans les années 1950, on l'avait plantée au salon. Il fallait être tiré à quatre épingles pour s'asseoir devant elle. À l'époque, on croyait que les gens de la télé pouvaient voir ceux qui la regardaient. Quand l'animateur saluait les téléspectateurs au début de la soirée : « Bonsoir chers téléspectateurs », certaines personnes répondaient spontanément : « Bonsoir, monsieur Bergeron. » La télé est vite devenue si indispensable que la maîtresse de maison s'en est acheté une plus petite pour la cuisine, ce qui lui évite ce désagréable va-et-vient de la cuisine au salon.

En fait, on n'ouvre pas la télé du salon le jour. Les programmateurs de la télé l'ont tout de suite su, et ils ont concocté des émissions plutôt gourmandes pour elle. Des recettes avec du vin (coq au vin, canard au vin). C'est à moment-là qu'elle prit l'habitude de prendre un coup en faisant la cuisine. Les émissions sont assez légères (on y rit beaucoup), et les invités ont un ton plus décontracté. Brusquement, la maison se remplit de gens et la solitude pèse moins.

Le mari rentre le soir. On lui apporte un verre, et il s'assoit dans son fauteuil favori pour regarder les informations qui ne sont jamais bonnes. Ce silence pesant et les rasades de vin de l'après-midi font tout à coup trembler les mains de la femme. Comment va-t-elle servir le dîner ? C'est toujours un moment qu'elle appréhende. Il y a un intermède avec l'arrivée des enfants qui lui permet de reprendre le contrôle d'elle-même. Quelqu'un à la programmation prend conscience un jour de la situation et finit par imposer des jeux dans cette case horaire. Et le ton joyeux de l'après-midi se poursuit jusqu'au dîner. Les informations, repoussées jusqu'au moment où la femme se lève pour aller mettre les enfants au lit. L'information est une affaire d'hommes. Les guerres, les accidents de train, les épidémies, les faillites économiques, le chômage. Les temps durs. Voilà une pilule à avaler le plus tard possible. Juste après la météo qui vous renseigne sur la température du lendemain. L'homme glisse dans l'oreille de la femme déjà un peu endormie qu'il fera très froid demain.

Il arrivait que la femme soit en train de lire. Des romans, bien sûr. Toujours prompte à acheter le roman dont on a parlé dimanche dernier. L'homme regarde le titre, grommelle avant de tirer le drap sur sa tête. Elle lit, il ronfle. Agacée, elle le réveille. Qu'est-ce qui se passe ? Raconte-moi au moins ta journée. Pourquoi faire ? Elle soupire. Il se rendort. Il y a quelque chose qui ne fonctionne pas. Elle étouffe, se demandant si elle va passer ainsi le reste de ses jours. Un couple doit se parler. Elle se met en tête de lui faire la conversation. C'est quoi ça ? Un jeu d'origine européenne qui se joue au moins à deux. Quand on le fait tout seul, cela a un autre nom. La dépression. La pression monte dans la chambre.

C'est lui qui a eu l'idée. Un jour, il est arrivé avec une grande boîte. Une télé qu'il a installée dans la chambre à coucher. On a déjà dit que l'amour, ce n'est pas un homme et une femme qui se regardent l'un l'autre, mais deux êtres qui regardent dans la même direction. La télé, en face. C'est la découverte de la télé de nuit. Elle y jette un vague coup d'œil et retourne à sa lecture. Il semble mordu, mais pas pour longtemps. Il s'endort. Elle pose doucement le livre sur la petite table de chevet. Et ainsi elle prit l'habitude de regarder la télé de nuit. C'est une télé subversive qui cause parfois de sexe, de drogue, de meurtres, d'une réalité dont elle s'était éloignée depuis quelques années. Elle s'y intéresse de plus en plus. Cela n'a rien à voir avec les émissions de la matinée, ni même les jeux de l'après-midi. C'est un autre univers. Pendant qu'on dort, la vie grouille dehors. Les vedettes soûles qui descendent des limousines pour aller vomir dans de sombres ruelles, des chauffeurs de taxi qui se font agresser par de jeunes voyous, des prostituées insultant des clients pingres, des voitures de police roulant à toute vitesse sur une chaussée mouillée, enfin la vie quoi !

Remarquons qu'il y a une télé au salon, une à la cuisine, et une dans la chambre. Les deux enfants vont réclamer sous peu chacun leur poste personnel. Ne rougissons pas, c'est à peu près la même chose partout dans la ville. Si on voit toujours les mêmes têtes à la télé, c'est que les autres sont trop occupées à la regarder.

L'ennui, ce monstre

L'autre soir, je regardais la télé. Des gens assis sous une tonnelle en pleine forêt. On dirait une secte religieuse en pleine retraite. Un vieux monsieur au visage souriant assiste à la cérémonie. Cela ne m'a pas pris longtemps pour comprendre ce qui se passait. C'est un tribunal populaire, et le vieux monsieur à l'air affable n'est autre que Pol Pot, l'un des vrais monstres d'un siècle qui donné aussi Hitler et Staline. D'anciens militants de son parti viennent l'accabler. Pol Pot, le doux selon tous ceux qui l'ont connu, voulait simplement raser les villes corrompues pour faire du Cambodge une grande société paysanne aux valeurs simples et vraies. On ne le jugeait pas, ce jour-là, pour les centaines de milliers de gens que ses partisans, les terribles Khmers rouges, ont tués au nom de cette idéologie de la pureté, mais parce qu'il avait ordonné l'assassinat de son bras droit : Son Sen. Son Sen, sa femme et ses enfants. Le vieillard proteste : « Je n'ai pas demandé de tuer les enfants, ça, c'est une bavure. » Personne ne le croit. Ce qui m'a frappé, c'est son commentaire à propos de son procès. Il a simplement dit : « Je m'ennuie. » C'est vrai qu'il connaît

bien ce spectacle. C'est lui qui a institué ces tribu-
naux de campagne. Il en a tant présidé. Il sait comment cela finira, et se demande pourquoi on ne va
pas droit au but. Alors il s'ennuie, comme nous on
s'ennuie devant une mauvaise émission de télé. C'est
prévisible et long. Et ça donne envie de tuer.

Sur la petite étagère
Je rentre tard à l'hôtel, et le type de la réception me
remet un gros paquet. Qu'est-ce que ça peut bien
être ? Fatigué, je m'installe au lit, et ouvre automati-
quement la télé. Bruits connus. À New York, c'est un
bruit de pneus crissants, suivi de coups de feu ; à
Rome, toujours la voix aiguë de ces chanteuses de variétés ; à Paris, un ton toujours enflammé et des voix
qui se chevauchent. Finalement, j'ouvre mon paquet.
Tous les contes et nouvelles de Bukowski d'un coup,
parus chez Grasset, l'année dernière (une gentillesse
de mon nouvel éditeur parisien). Je ne sais même pas
par où commencer. Tout est là. Le meilleur de Bukowski (les romans sont moins bons). Comptons nos
rubis : *Contes de la folie ordinaire, Nouveaux contes
de la folie ordinaire, Au sud de nulle part, Je t'aime,
Albert* (940 pages de bonheur). Je parle pour moi,
car beaucoup de gens détestent Bukowski, souvent
sans l'avoir lu. Ils s'imaginent que c'est un vieux dégueulasse qui n'arrête pas de picoler. Ils ont raison,
mais c'est aussi un des meilleurs stylistes que je
connaisse. Un jeune (ou un vieux) qui veut apprendre
à écrire devrait se mettre à Bukowski. C'est un Hemingway moins marmoréen, et un Miller plus fran-
chement tragique. Car il y a une dimension tragique
chez ce clown qui raconte qu'il écrit pour ne pas

crever de peur. Le rire et les larmes. Les ingrédients sont les mêmes pour tout le monde, c'est le cuisinier qui peut faire la différence. Pour m'avoir fait fermer la télé, et oublier même que je suis en ce moment à Paris (un Paris chaud et animé), Bukowski mérite amplement sa place sur la petite étagère.

LE SPECTACLE DE LA SOUFFRANCE

Woody Allen dans son film (je dis « son film » parce qu'à mon avis, il n'a fait qu'un seul film dont le titre aurait pu être *Woody Allen* tout court – et pour moi, le « ressassement » névrotique est bien signe que nous touchons à une vraie souffrance) compare la vie à un restaurant où la bouffe est non seulement dégueulasse, mais où, pire encore, les portions sont assez chiches. On y mange mal et jamais à sa faim. Bon, bien sûr, il y a ceux qui sont au régime de la vie, ne se nourrissant que de petits fours sur une planète mondaine. Woody Allen est à la fois drôle et désespéré, sachant bien qu'on ne l'aime que tant que ça va mal pour lui. Son malheur fait notre bonheur. Si c'est mal vu de rire de quelqu'un qui se casse la gueule sur le trottoir en glissant sur une peau de banane, ce l'est moins quand la souffrance est psychologique.

Je me demande si on a assez réfléchi au fait plutôt brutal qu'on soit capable de regarder agoniser aussi froidement les gens. Il suffit d'épingler à cette douleur une étiquette « art » pour se sentir délivré de tout sentiment de culpabilité pour non-assistance à personne en danger. Se sent-on complice du drame qui se joue là sous nos yeux ? Cela nous est devenu si familier qu'une telle interrogation semble aujourd'hui déplacée. Et quand l'enfant en nous n'arrive plus à supporter le spectacle de la souffrance humaine (au cinéma ou dans les romans), on lui explique sur un ton assez condescendant qu'il lui faut apprendre à faire la différence entre l'art et la vie. Mais on n'a pas toujours tort de prendre les choses au premier degré, récupérant ainsi en passant son cœur d'enfant. Et la douleur est toujours un roi nu.

La caméra de Villon

Prenez Villon, par exemple, dans ce grand poème (*La ballade des pendus*) où il fait cette description si précise de la mort par pendaison qu'il devient l'un des premiers poètes à filmer l'agonie humaine dans une telle succession de gros plans qu'on a l'impression qu'il tient une caméra plutôt qu'un crayon. Villon nous montre cette grappe de pendus le long de la route, « cinq, six », en un travelling si rapide qu'on n'a pas eu le temps de bien les compter. Plan très serré ensuite où l'on voit bien la chair « piéça dévorée et pourrie ». Petit procédé d'accélération de l'image permettant un saut dans le temps afin d'observer les os devenir « cendre et poudre ». Retour en arrière pour filmer la pluie qui lave, et le soleil qui dessèche et noircit. Au tout début du processus de désintégration (la caméra fait de brusques allers-retours), on note l'arrivée des charognards, ces pies et corbeaux qui crèvent les yeux et arrachent « la barbe et les sourcils » des pendus. On se croirait à Bagdad, sauf que nos cameramen d'aujourd'hui choisissent de filmer les Jeep en feu plutôt que les hommes en agonie. On ne veut voir la mort qu'en fiction à la télé.

Mais Villon n'est pas qu'un reporter. Son astuce pour échapper à l'anecdote est toute simple : au lieu de blâmer ses contemporains, il choisit plutôt de miser sur le lecteur hypothétique de l'avenir. Et cette vaste apostrophe, qui amorce le poème, « Frères humains qui après nous vivez... », est d'abord un grand cri lancé à travers les siècles afin de nous rendre sensible à cette douleur qui vient de la nuit du Moyen-Âge. Et je ne vois nullement de différence avec les pendus du sud des États-Unis, ceux qu'on a pendus, il y a à peine cinquante ans, à ces grands magnolias, et qui faisaient tant partie du décor que la jeune fille sudiste en balade en décapotable pouvait penser que c'était des « fruits étranges » jusqu'à ce que Billie Holiday vienne réclamer les corps.

Que de chemin tout de même entre la douleur physique que décrit Villon (j'écoute en ce moment Villon chanté par Monique Morelli sur la musique de Leonardi) et la souffrance psychologique de Woody Allen.

Les nerfs d'Artaud

Ce titre, *Le pèse-nerfs* (NRF, 1925, réédité dernièrement dans la collection « Poésie » de Gallimard), l'une des premières tentatives poétiques d'Artaud, résume assez justement la vie et l'œuvre du poète. Une constante tension. On hésite, dans le cas d'Artaud, à dire poète quand il s'agit plutôt d'un penseur de la poésie, car il voulait surtout découvrir ce lien possible entre le corps et les idées, pistant la moindre trace du « trajet nerveux de la pensée dans la chair ». J'ai tourné un bon moment autour de la maison Artaud sans me résigner à y pénétrer. Il y a de ces gens dont on fréquente tout l'entourage sans oser les aborder eux-mêmes. Dans le cas d'Artaud : son abstinence sexuelle forcée ou volontaire d'ecclésiaste hystérique (un de ses dessins a pour titre *La maladresse sexuelle de Dieu*, 1946), ses imprécations blasphématoires, son théâtre énervé, et enfin, son séjour prolongé en asile psychiatrique, tout cela sentait un peu trop la pharmacie à mon goût. J'avais plutôt tendance à le plaindre. Quel destin tragique ! me disais-je. Mais dernièrement, dans un Paris légèrement frisquet mais encore ensoleillé, j'ai découvert, avec les lecteurs du *Magazine Littéraire* (n° 434, septembre 2004), les derniers textes inédits d'Artaud. Au moment même où l'on annonçait l'attribution du prix Nobel de littérature à la romancière autrichienne Elfriede Jelinek (décidément, les bons écrivains allemands sont souvent autrichiens). Deux personnages qu'on placerait, à première vue, dans le même groupe, pour découvrir qu'ils sont en réalité totalement opposés. Si Artaud vous pousse à vivre lors même qu'il parle de la mort, Jelinek aurait plutôt tendance à vous dégoûter de la vie.

La vie d'Antonin Artaud n'a surtout pas été facile. À dix-huit ans, en dernière année de collège, il fait sa première crise dépressive, refuse de passer les examens du baccalauréat, détruit ses écrits et veut se faire prêtre (je le savais !). Un an plus tard, il a déjà fait le tour des maisons de santé. Seule la drogue l'aide à calmer sa souffrance. Considéré comme incurable, il ne reçoit aucun traitement, sauf par des médecins ayant un tempérament d'artiste, comme le Dr Delmas. Ce qu'on remarque dans la correspondance (je n'ai lu qu'une lettre) avec Jean Paulhan, c'est qu'Artaud s'est battu de toutes ses forces pour éviter la noyade (« Ma vie de tous les instants et surtout de toutes les nuits est une lutte incessante contre la mort »). On sent que tout était perdu quand, en novembre 1947, il écrit à Paulhan : « D'autre part, vous le savez, le Dr Delmas est mort. » Malgré tout, cet homme ravagé « de douleurs errantes et d'angoisse », et se sachant mourir (un cancer du rectum), a tenté, deux mois avant sa fin, et avec quelle vitalité, de clarifier, une dernière fois, la question de la mort.

> *La naissance et la vie qui l'accompagne*
> *sont un état définitif*
> *sans cimetière*
> *et sans tombeau*

Ayant réglé le problème de la fin, il s'attaque à celui de l'origine.

> *Il est entièrement faux*
> *que je n'aie pas toujours été là*
> *et qu'il m'ait fallu*
> *un jour commencer*
> *à exister*

Artaud : éternellement suspendu entre naissance et mort.

Le cœur de Gombrowicz

Je reviens sur Gombrowicz, l'un des écrivains qui m'ont le plus marqué. Je n'ai pas lu tout Gombrowicz, mais j'ai beaucoup lu et relu plusieurs de ses livres. Surtout son *Journal*, où l'on voit sa manière, qui était follement amusante. Il aimait rencontrer ses amis dans les cafés de Buenos Aires (cela s'est plutôt mal passé à Berlin) pour discuter longuement de questions philosophiques un peu vieillottes. Il avait ce côté à la fois suranné et moderne. Borges était son rival à Buenos Aires, et Sartre, son modèle à Paris.

En lisant Gombrowicz, on le sent constamment de l'autre côté de la page en train de nous observer. Sa technique consiste à se déshabiller d'abord, pour vous inciter à le faire ensuite. Et si vous hésitez, il vous fait passer alors un interrogatoire exaspérant de familiarité où les questions se font de plus en plus personnelles. Souvent l'interlocuteur finit par claquer la porte. On ne sort jamais indemne d'une rencontre avec Gombrowicz. Il semblait toujours si sec, si élégant, si mordant, que j'ai longtemps cru qu'il n'était pas qu'un pur esprit.

Je crois que c'est Rita Gombrowicz, sa femme d'origine québécoise, qui rapporte l'anecdote dans son livre sur Gombrowicz en Argentine, ou peut-être que c'était dans celui sur Gombrowicz en Allemagne. Mes bouquins sont encore dans des boîtes, et j'en ai marre de faire des recherches sur des gens qui remuent mieux dans mes souvenirs que dans les classeurs. Tout ce dont je me souviens, c'est qu'il est peu probable que ce soit à Berlin, puisque Gombrowicz n'y a vécu que le temps d'une bourse, un an tout au plus, alors qu'il a passé une grande partie de sa vie en Argentine. C'est Rita donc, comme elle a fait avec tous ceux qui ont croisé l'écrivain sur son chemin d'exil, qui a demandé à cette femme peu instruite (sa logeuse, peut-être), qui n'avait donc aucune anecdote littéraire à offrir, de dire ce qu'elle se rappelle de

Gombrowicz. Elle a simplement raconté comment l'écrivain l'a aidée durant la maladie de son mari. Celui-ci devenait de plus en plus insupportable, et la pauvre femme ne savait plus quoi faire. Gombrowicz lui a alors fait remarquer que ce n'était plus son mari mais un malade. Il faut oublier l'homme d'avant et ne voir qu'un malade avec un comportement de malade. Ce trait m'a définitivement rapproché de Gombrowicz. Gombrowicz face à la douleur de l'autre. On peut relire toute son œuvre dans cette perspective. En fait, tout ce persiflage, cette ironie, ce côté aristocrate polonais (je veux dire à côté de la plaque), tout cela ressemble plutôt à une tentative de se protéger de la noyade par « ces vagues des peines humaines ».

Paris sans livre

Je marchais dans cette ruelle de Paris, entre deux rangées de librairies (uniquement des livres d'art), quand cette idée étrange me traversa l'esprit. J'ai une bibliothèque de taille normale (je ne suis pas du tout dans la catégorie d'Alberto Manguel, qui remplit une ancienne église française de ses livres) et malgré tout, j'ai trouvé le déménagement, cet été, pénible. C'est que les livres pèsent énormément. Alors imaginez que pour une raison quelconque (une grande inondation annoncée), Paris doive déménager tous ses livres ailleurs. Je parle des librairies (toutes les sortes de librairies), des bibliothèques (privées et publiques), des collections personnelles. Aucune exception. Vous imaginez la flotte de bateaux et le parc de camions qu'il faudrait pour transporter tous ces livres. Et le personnel pour les reclasser. Mais le Parisien serait-il capable de vivre sans livre ? Son amour de la lecture survivrait-il à un tel manque ? J'en doute fort. Paris sans livre. Une douleur sans nom.

CHAPITRE X

Deux étoiles solitaires

L'AMI MORT

D'abord la terrible nouvelle : Gasner Raymond est mort. Il est mort un 1er juin comme aujourd'hui, à Braches, près de Léogâne, assassiné par les sbires de Papa Doc. C'était en 1976, il y a vingt-quatre ans. Pourquoi j'en parle encore aujourd'hui ? Eh bien, parce que la mort de ce jeune journaliste intrépide a carrément changé ma vie. C'est à cause de sa mort que j'ai quitté définitivement mon pays. Et ce départ constitue l'événement fondamental de mon existence. Gasner et moi avions vingt-trois ans en 1976. Aujourd'hui, cela fait vingt-quatre ans qu'il est mort. Et ce rappel me fait basculer subitement dans l'étrange univers ubuesque de Papa et Baby Doc. Je n'ai jamais oublié cette effroyable journée. Le ciel parfaitement bleu de midi. La chaleur étouffante du mois de juin. J'arrive chez moi quand ma mère m'apprend que Marcus veut me parler de toute urgence et qu'il m'attend à radio Métropole (Marcus était à l'époque rédacteur en chef de la salle des nouvelles à cette station de radio). Je grimpe dans un taxi. Marcus n'y va pas par quatre chemins. « Gasner est mort », me lance-t-il. La nouvelle m'atteint comme une gifle sèche. Je reste debout, pantelant, les jambes flageolantes. Que dire ? Que penser ? Que faire ? Ah oui, le voir, lui Gasner, mon ami Gasner. Je cours à l'hôpital général. Gasner était allongé dans sa cage de glace, le visage tuméfié et des ecchymoses partout à la tête. Mais la bouche est restée miraculeusement intacte. Cette bouche, à la moue insolente, a dû, au dernier moment, lui jouer un mauvais tour. Gasner avait toujours l'air de se moquer de son vis-à-vis. Un jour que je lui demandais la raison de ce sourire constamment ironique, il me répondit que c'est parce qu'il lisait la peur de mourir chez les autres. Il lui a été donné, ce premier jour de juin, à Braches, près de Léogâne, de regarder la mort en face. Cette nuit-là, j'ai marché dans la ville sans prêter attention au décor et aux gens que je croisais dans les rues mal éclairées de cette capitale de douleur. Je ne comprenais pas ce pays qui pouvait, sans sourciller, assassiner son meilleur fils. Ce n'est pas facile d'avoir un héros du même âge que soi. Un héros dont je connaissais à fond les qualités et les défauts. On était, la veille encore, au même niveau avant qu'il ne file, sans crier gare, vers les étoiles. Je ne peux pas dire combien de fois, lui et moi, avions rêvé de devenir célèbres, d'accomplir des choses exceptionnelles, d'écrire des livres qui pourraient changer la vie de nos lecteurs et même le destin de ce pays. La vérité c'est que Gasner ne s'arrêtait pas à ce premier plan. Il pouvait penser aussi aux autres. Il était profondément en accord avec les gens du peuple. Moi, j'étais déjà très individualiste. Je n'ai pas changé d'ailleurs. J'ai toujours le sommeil facile et profond. Gasner était plutôt nerveux et son sommeil très agité. Voilà deux amis avec des caractères diamétralement opposés.

La question angoissante que je me suis posée durant toutes ces années est celle-ci : « Accepterais-je de prendre la place de Gasner ? » Certains jours, je pense que oui ; d'autres jours, non. En réalité, j'aime trop la vie pour envisager la mort comme Gasner le faisait. Je rêve qu'on parle de moi (toujours frivole) mais sans que je sois obligé de mourir. La gloire du mort, mais sans la mort. Il paraît que c'est impossible. En tout cas, la mort de Gasner a changé ma vie. Sa mort m'a fait quitter Haïti. Est-ce un bien ou un mal ? La réponse n'a plus d'importance aujourd'hui. Le fait est que je vis hors de mon pays (comme plus d'un million d'Haïtiens) depuis vingt-quatre ans. J'ai quitté Port-au-Prince, un matin de juin 1976, pour aller vivre à Montréal où j'ai passé quatorze ans. C'est à Montréal que je suis devenu écrivain, c'est là que j'ai eu mes filles, et c'est encore à Montréal que je suis devenu un ouvrier. Et c'est surtout là que j'ai connu la solitude, la misère, l'usine, l'écriture et la célébrité. Cette célébrité qui nous avait tant fait rêver, Gasner et moi. J'ai quitté Montréal, à cause de son terrible hiver, pendant l'été 1990, pour Miami. Et c'est à Miami que je suis devenu un véritable père de famille (mon rôle le plus important et le plus cher à mes yeux). Est-ce pour toutes ces raisons que je suis venu, ce matin, au square Saint-Louis où j'ai conçu ce premier roman, avec l'image obsédante de Gasner dans la tête ? Je pense à son insolence constante, ce réflexe chez lui de toujours vouloir dynamiter tout pouvoir établi, sous quelque visage qu'il se présente. Je pense aussi à tout ce qui m'est arrivé à cause de sa mort. Aujourd'hui, j'ai quarante-sept ans, et j'ai quitté Haïti depuis vingt-quatre ans, ce qui veut dire que j'ai passé plus de temps à l'étranger que dans mon pays. C'est une date dans la vie d'un homme.

BORGES

J'aurais pu choisir Bukowski, Baldwin, Montaigne, Tanizaki, Diderot, Horace ou Gombrowicz, des écrivains que je ne cesse de relire. Alors, pourquoi j'ai répondu Borges quand ce journaliste rasta est revenu tout à l'heure me poser sa stupide question (« Une dernière, et après je te foutrai la paix, *man*. ») à propos d'une île déserte et d'un écrivain, un seul, qu'il faudrait emporter avec soi. Donc, c'est Borges parce que, malgré ses défauts, chaque fois que je me sens un peu triste, je sais ce qu'il me reste à faire : un bain chaud, une demi-bouteille de rhum Barbancourt, et Borges. Je n'ai pas dit un livre de Borges. J'ai dit Borges. Un ton personnel, un sens si particulier de l'humour, ce sourire à fleur de pages et cette façon inimitable de retourner les habitudes, de penser comme un gant. La plupart des écrivains que je lis me mettent dans la position du concurrent (oui, même Baldwin), alors qu'avec Borges je ne peux être qu'un admirateur. J'ai rencontré Borges à Port-au-Prince, au début des années 1970. À l'époque, je lisais tout ce qui me tombait sous la main (aujourd'hui, je relis plutôt). Un midi, je ramasse un journal dans la rue. Je le parcours tout en continuant ma route. Une interview d'un certain Borges. Qui c'est, ce Borges ? Le journaliste lui posait des questions anodines, et il répondait d'une manière très courtoise sans pour autant faire vieux jeu. Élégance d'un autre temps. Je ne sais pas à quel moment, j'ai commencé à sentir qu'il se passait quelque chose d'étrange, là sous mes yeux. Ce Borges devenait de plus en plus complexe sans changer sa manière vaguement désinvolte, toujours en gardant une certaine distance. En somme, ce type est une manière de dandy qui réalisait, là, sous mes yeux, un mélange nouveau : intelligence et émotion. J'ai relu plus attentivement l'interview pour mieux comprendre le truc. Et c'est là que j'ai fait une autre découverte encore plus sensationnelle : il n'y avait pas de truc. Cet homme entendait s'exprimer le plus simplement du monde, à sa manière. Bien sûr, cela exige un énorme travail sur soi-même. Quelqu'un lui demande, une fois : « Parlez-nous de vous, Jorge Luis Borges. » Et la réponse fuse : « Que voulez-vous que je vous dise de moi ? Je ne sais rien de moi. Je ne connais même pas la date de ma mort. » Je donnerais tout ce que je possède pour être capable de faire une telle réponse. À première vue, on a l'impression que c'est une boutade, une réponse drôle pour désarçonner l'interviewer et amuser le lecteur. C'est un peu ça, mais c'est aussi la stricte vérité. Et c'est là tout l'art de Borges. Ne jamais dire la vérité que par le mensonge de l'art. Pour lui, l'écrivain doit d'abord être ému s'il entend émouvoir le lecteur. J'avais à peine vingt ans quand j'ai appris toutes ces choses fondamentales en un seul après-midi. L'émotion chez Borges est à la fois simple et complexe. Il s'agit de dire ce que l'on ressent de la manière la plus naïve qui soit.

Mais Borges est loin d'être naïf. Les gens s'étonnent souvent qu'un homme intelligent puisse souffrir d'une pareille bêtise (une amourette par exemple). Borges, lui, croit que la souffrance est chose humaine. Comme l'intelligence d'ailleurs. Donc, nous pouvons souffrir sans cesser d'être intelligents. Pour lui aussi l'humour (le sourire de l'esprit) sert surtout à masquer la gravité du propos. C'est pour cela qu'il a si longuement défendu Oscar Wilde contre les philistins (« Wilde est un homme qui, malgré l'habitude du mal et de l'infortune, garde une invulnérable innocence. »). Mais Borges aime rire, contrairement à l'image de penseur profond que sa canne et sa condition d'aveugle pourraient laisser croire. Il rit de tout. Un rire naturel, grave (je ne dirais pas : sa voix est plutôt fluette), simple. Il aime dîner en ville, en compagnie de ses jeunes étudiantes de littérature anglo-saxonne. C'est un séducteur qui semble être toujours le premier séduit. Il adore le riz et le lait, mais préfère les raisins aux mangues, qu'il qualifie de « fruits modernes ». Quand il ne voyage pas (un infatigable voyageur que le triste fait d'être aveugle n'a jamais empêché de parcourir le monde), il rêve dans sa bibliothèque ou arpente les rues de cette ville qu'il adore (« Les rues de Buenos Aires sont passées dans ma chair. »). Il n'est pas devenu aveugle tout à coup. Il le dit sans pathos : « La célébrité comme la cécité m'est venue un peu tard. » Il raconte qu'il a perdu les couleurs une à une. Je crois que le jaune lui est resté fidèle jusqu'à la fin. Borges, aveugle, a été nommé directeur de la bibliothèque nationale d'Argentine. Dans un de ses plus émouvants poèmes, il parle de cette ironie du destin qui lui a accordé « en même

temps les livres et la nuit ». Je l'imagine assis seul
dans le vieux fauteuil de la bibliothèque qu'occupait
avant lui un autre aveugle, le Français Groussac.
Quand il arrive à la bibliothèque, il hésite à déranger
le chat s'il le trouve déjà couché sur le bureau. C'est un
homme discret et solitaire. Enfant (il est né en 1899),
il n'avait que sa sœur Norah pour amie. Les deux enfants jouaient toujours ensemble dans le grand jardin
de cette maison traditionnelle de style colonial, rue
Serrano, dans le vieux centre de Buenos Aires. Cette
habitude du duo lui est restée, ce qui fait que même
dans une foule, il ne peut parler qu'à une personne à
la fois. Le pluriel n'a jamais compté pour lui. Je le
vois souvent comme un homme seul dans sa nuit. En
fait, il n'est jamais tout à fait seul puisqu'il vit toujours entouré de la foule bigarrée des personnages
romanesques qui peuplent son univers mental (et
quand il est devenu complètement aveugle c'est sa
mère ou ses jeunes amis, parmi lesquels l'écrivain
érudit Alberto Manguel, qui lui faisaient la lecture).
Pour lui, pendant longtemps, le paradis n'a été
qu'une immense bibliothèque où il pouvait lire
jusqu'à en perdre la vue. C'est là qu'il retrouvait ses
vrais amis : De Quincey, Dante, Kipling, Chesterton,
les traducteurs des *Mille et une nuits* (surtout Bur-
ton), Lugones, Cervantès, Rubén Darío, Voltaire,
Gibbon, Léon Bloy, Virgile (« Dites que Virgile est
exquis », lance-t-il un jour à son compatriote Hector
Bianciotti), Shakespeare, Verlaine, Withman, Scho-
penhauer, Quevedo, Coleridge, Wilde, Swedenborg,
le Dr Johnson, Edgar Allan Poe, H.-G. Wells,
Conrad, Melville, Hugo (et ses adjectifs si lumineux).
Ce ne sont pas simplement des écrivains, mais plutôt

des lucioles qui illuminent sa nuit. Il aimait beaucoup répéter cette phrase de Keats : « *A thing of beauty is a joy for ever.* » Borges aimait aussi le cinéma, surtout les westerns (à cause de cette saveur quelquefois épique qui lui rappelait *La chanson de Roland*). Les histoires de couteaux, de bravoure, de voyous l'intéressaient beaucoup. Il a tourné le dos à l'écran quand on a commencé à doubler les voix des acteurs. La voix de Garbo fait partie intrinsèque de Garbo, affirme-t-il. Et si ça continue ainsi, ajoute-t-il, avec le temps, on doublera aussi le visage de Garbo, et on aura Pepita dans le rôle de Garbo... La musique aussi l'intéresse. Comme tout Argentin de son époque, il n'aime que la *milonga*, la musique des bas-fonds de Buenos Aires, et le tango, cette « pensée triste qui se danse ». Mais, selon lui, l'amitié est la seule passion sincère des Sud-Américains. Lui-même a eu quelques amis tout le long de sa vie : Carlos Mastronardi, l'ami mystérieux, la belle et riche Silvina Ocampo, et surtout Adolfo Bioy Casares, l'ami de toujours, avec qui il a signé quelques fausses histoires policières. Comment concevait-il l'amitié ? « Mon père avait un ami anglais, une de ces amitiés qui commencent par exclure la confidence pour finir par le borborygme », lance-t-il en substance. Mais Borges se confiait surtout à sa mère, qui a été le personnage central de sa vie. Il s'est marié pourtant deux fois, la dernière avec Maria Kodama, une de ses anciennes étudiantes. J'ai cherché à tout savoir de Borges, sentant vaguement que sa vie intime (qui affleure rarement dans son œuvre) avait une influence déterminante sur celle-ci. Bon, bien sûr, il y a aussi l'œuvre. J'estime qu'un bon tri est nécessaire, car Borges se répète *ad nauseam*.

Moi, je ne m'en lasse pas, mais un lecteur occasionnel pourrait perdre patience. Les mêmes thèmes reviennent inlassablement : les miroirs, les labyrinthes, les épées, le temps, l'identité. Et la même curieuse façon maniaque de les aborder. Et au cœur de tout cela, ce personnage, le plus littéraire du XXe siècle, qu'il a su créer presque de toutes pièces (lui, un pauvre garçon de la lointaine Argentine) : l'écrivain Jorge Luis Borges. Borges n'a jamais eu le prix Nobel, mais : « L'éternité me guette », murmure-t-il.

ÉCRIRE EN ÉTÉ

Deux choses rendent le fait d'écrire presque impossible en été : la chaleur et l'immobilité. C'est difficile de rester assis devant une machine à écrire quand l'été se tient derrière la fenêtre. Et l'été, on le sait, n'existe que pour ceux qui ont traversé l'enfer de l'hiver. Comment résister à ce rythme si différent de celui du froid ? Si l'hiver interprète inlassablement cette musique de chambre qui rend soudain l'âme inquiète, l'été, c'est le jazz, le corps, la rue, en un mot le mouvement. Et pour décrire ce mouvement, il est impératif de rester torse nu et immobile dans une petite chambre close. C'est ce que je fais en ce moment avec, sur ma gauche, cette grosse mouche verte posée sur un ananas en décomposition dont la forte odeur douceureuse m'intoxique déjà.

Je suis chaque fois impressionné par cette fébrile activité que déclenche l'arrivée de l'été. Je vois par la fenêtre mon voisin en sueur, nuque rouge, un genou par terre, en train de remuer la bonne terre noire de son carré de jardin. La fièvre verte s'emparant brutalement de la ville. Chaque fenêtre a ses bacs de fleurs fragiles et pimpantes. Et chaque balcon, son petit groupe de dames qui restent à causer jusque tard dans la soirée. Pour moi, l'image profonde de Montréal, c'est cette femme d'une soixantaine d'années arrosant ses tomates et ses roses sur son minuscule balcon, dans la douceur d'un soir d'été.

Une double culture

Cette ville a deux cultures : une du Nord et l'autre du Sud. En hiver, pour la comprendre, le référent n'est pas la langue, mais la température. Et il faut chercher les correspondances du côté des pays scandinaves. Durant ces longs mois d'hiver, on ne parle plus le français au Québec, on parle le « froid ». Et la vie tourne autour de cette réalité. L'hiver conditionne l'habillement, la sexualité, l'art, la littérature, la nourriture, les loisirs, l'esthétique, le corps. Son territoire couvre une étendue plus grande que la langue et la religion réunies. Il confine les gens dans les maisons et pousse les couples à un indésirable face à face. L'amour, ce n'est pas se regarder l'un l'autre, conseillait autrefois un manuel d'apprentissage de vie conjugale (en citant Saint-Exupéry), c'est regarder tous les deux dans la même direction. Vers la télé, alors !

Et voici l'été avec son cortège de dieux païens et son culte du corps. C'est l'appel du Sud. Le jazz est déjà là. Et l'âme nègre de Montréal sort du placard. Une marée humaine, venant de ces quartiers ceinturant la ville, descend vers le fleuve. C'est la transhumance. Les gens de l'été n'ont rien à voir avec ceux de l'hiver, un peu comme les noctambules sont différents de ceux qui sont frais, dispos et cravatés dès 8 h du matin. Ils n'ont pas les mêmes aspirations, ni la même culture, ni le même rythme corporel, ni les mêmes raisons de vivre. C'est un autre pays.

Toute cette histoire de culture peut donc voler en éclats devant une brusque montée de température. Mais c'est le choc de ces températures si violentes, disons le froid intense de février et les terribles journées de canicule de juillet, qui crée cet animal biscornu (raisonnable en hiver, et émotif en été) : le Nègre blanc d'Amérique. La décadence, c'est de vouloir l'été en hiver.

Le jazz

Je n'écoute pas vraiment le jazz, faut dire que la musique occupe une place très restreinte dans ma vie. Je n'arrive même pas à m'expliquer pourquoi. Quand j'y pense, ma mère non plus n'accordait pas une grande importance à la musique. Je ne connais de musique que celle des mots. Quand le rythme est là, les idées dansent. Je me souviens qu'à l'écriture de mon premier roman, je m'étais intéressé au jazz, simplement parce que je trouvais amusant le mélange du Coran et du jazz. L'impression de réunir l'Arabe avec le Nègre, deux individus toujours en mouvement sur cette planète. Je suis donc allé rue Saint-Denis m'acheter un exemplaire du Coran et un petit livre élémentaire sur le jazz. J'ai utilisé le jazz comme une épice exotique pour saupoudrer mon roman, et cela simplement parce qu'il faisait terriblement chaud dans la chambre étroite où vivaient mes deux personnages. Le jazz n'est, pour moi, qu'une des métaphores de l'été. Et chaque fois que j'écris le mot jazz (comme maintenant), la pièce où je suis se met brusquement à tanguer. De même que durant le Festival de jazz, on a l'impression que la seule évocation du mot suffit pour donner à cette ville engourdie par de longs mois d'hiver une sorte de charme désinvolte. Je vais descendre tout à l'heure vers le centre-ville pour épier ces regards, ces élans, cette fièvre des corps, la vie jazz quoi! Car beaucoup plus que la musique, c'est son effet sur les gens qui m'intéresse.

Faire la poubelle

Je vais jeter la poubelle, c'est ce qu'on fait quand on n'a rien à écrire, quand les mots n'arrivent pas, et qu'on n'a même pas de sujet. Tout cela à cause de l'été qui m'engourdit, et de cette vieille fatigue que je traîne depuis un moment et qui affecte un peu ma mémoire. Je suis obligé de temps en temps de relire le paragraphe précédent pour savoir de quoi je parle. Ah oui, un de ces articles sur l'été en été. Je sais bien comment tout cela va finir, dans une poubelle de la rue Saint-Denis avec des programmes du festival, des restes de pizza et des assiettes en carton sales. Pauvre garçon, on ne t'avait pas dit que tu écrivais dans un quotidien.

Je fouille dans la poubelle pour tomber sur un magazine que je feuillette distraitement. À jeter ainsi des journaux, je me sens bizarre, comme s'il s'agissait en fait de nourriture. Je ressemble à ces vieux messieurs tout pétris d'humanisme qui ont connu une enfance pauvre durant la guerre, et qui, de ce fait, n'arrivent plus à se débarrasser même du pain rassis. Je sais qu'une telle attitude est stupide, surtout depuis que les journaux se sont mis à grossir, et c'est souvent une grossesse nerveuse. Lire entièrement un journal, cela peut vous bouffer une matinée complète. Je parle d'un imbécile comme moi qui n'a pas encore compris que si le journal est divisé en sections, c'est précisément pour nous donner la possibilité de trouver aisément les sujets qui nous intéressent. Et aussi le luxe de laisser tomber le reste. Mais le reste, je l'ai payé aussi.

Il n'y a rien à faire, je n'arrive pas à jeter du papier imprimé. Chaque fois que j'envoie à la poubelle un journal sans l'avoir lu, je visualise tout le processus : depuis l'arbre abattu jusqu'au jeune livreur, en passant par le reporter et le correcteur, jusqu'aux techniciens de la salle des machines. Je tire une légère chaise d'été pour faire un tri parmi les journaux et les magazines complètement lus (la pile de gauche), à peine lus (au centre) et pas encore lus (à droite). Je suis sûr qu'une telle maladie doit avoir un nom.

Le temps compressé

Généralement, ceux qui choisissent la section « Arts et Spectacles » s'intéressent rarement à la section « Affaires », alors que j'ai l'impression qu'il y a un lien solide entre ces deux cahiers si opposés en apparence. Ce sont les affaires qui soutiennent souvent la culture, ou plutôt qui la vampirisent. Dans quelle catégorie placer le Festival de jazz, par exemple ? Les deux, mon colonel. Pour bien comprendre la culture, il faut s'intéresser un peu aux affaires. La section Sports n'est surtout pas étrangère aux affaires, ni même à la culture. Si je comprends bien, un journal n'est pas forcément un buffet où l'on peut choisir les plats qui nous intéressent, mais plutôt un être entier dont chaque membre se trouve indispensable. Malgré tout, on aura du mal à esquiver la question : faut-il lire tout le journal ?

Toutes ces élucubrations viennent du fait que je n'arrive pas à me débarrasser de cette montagne de journaux accumulés en mon absence, durant mes derniers voyages. Cela me faciliterait bougrement la tâche si on faisait le tri pour moi à la source, et qu'on ne m'envoyait que le premier cahier et celui des Arts et Spectacles. Naturellement, il faudrait discuter un prix de détail. Je suis sûr que le premier quotidien qui offrira un tel service fera un tabac incroyable tout en économisant du papier. Car vous ne pouvez savoir combien cela pèse d'avoir à gérer soi-même l'élimination de cette tonne de papier non lu. Je sors les journaux du bac pour voir s'il s'y trouverait des articles que je n'ai pas encore parcourus. Tiens, j'avais raté ce papier sur la différence entre la mort en Orient et la mort en Occident (toujours la même scie). L'article est illustré d'une miniature exposant la dernière heure d'un saint martyr chrétien à côté d'une photo montrant les dernières secondes d'un moudjahidin en flammes courant dans les rues de Paris. La mort a gagné en vitesse. Entre les deux histoires, il y a exactement dix siècles de distance, mais j'ai cette impression persistante que les deux événements se passent, d'une certaine façon, au même moment et racontent la même tragédie humaine.

La mort en été

Depuis quelque temps, au Moyen-Orient, on se sert de sa mort pour donner la mort. La mort comme une arme mortelle dont le désespoir serait la gâchette. L'Occident feint de ne pas comprendre ces pratiques barbares. C'est tellement loin de notre vision de la vie, ces bombes humaines qui tuent aveuglément. On se demande ce qui pourrait motiver un être vivant à se convertir en torche hurlante. Étrange que la chrétienté s'étonne aujourd'hui de voir des gens se sacrifier pour leur foi. Et dire que je ne connais pas de religion à exalter autant le sang martyr.

Je reste fasciné devant cette miniature du Xe siècle montrant saint Ignace jeté aux lions. Deux lions sont en train de dévorer un saint Ignace plutôt calme. Il tient son bras droit levé pour faciliter la tâche du lion affamé qui lui dévore la hanche. C'est Ignace lui-même qui a supplié ses juges pour aller dans le stade, salivant devant le menu : « Venez feu et croix, troupeaux de bêtes, lacérations, écartèlements, dislocations des os, mutilations des membres, moutures de tout le corps. » Et la mode était lancée. Il y avait tant de candidats au martyre qu'un consul romain leur lança, exaspéré : « Misérables ! Si vous voulez mourir, vous avez des falaises pour sauter et des cordes pour vous pendre. » Cela se passait plutôt en ville, là où il y a du monde. C'est qu'un martyr doit être vu, comme les moudjahidines ces jours-ci. Ce n'est que bien plus tard que l'Église a récupéré tout ce monde-là, qui encombre aujourd'hui le calendrier chrétien.

Comme on y va, à la mort, ces temps-ci ! Que de précipitation du côté des victimes ! Et les bourreaux non plus ne chôment pas. Bush et consorts (il n'y a pas que lui qui tue sur la planète) doivent se frotter les mains, sachant que durant l'été, ce sont surtout les loisirs qui font la manchette des journaux.

Garder tout

J'entends au loin le ronflement du camion de poubelles. Quoi garder ou jeter? Voilà le *to be or not to be* de notre époque. Tous ces articles que je n'ai pas encore bien lus. Que vaut un article un mois après sa parution? Que vaut donc le reportage partial sur la guerre du Péloponnèse que nous avions tous étudiée à l'école? Et tous ces reportages sur des tueries du temps passé dont l'unique version dont nous disposons aujourd'hui est celle du vainqueur? Ce n'est pas d'hier alors que nous gobons ainsi les raisons du plus fort. Bush n'avait pas tort d'appeler sa promenade meurtrière une croisade, sachant en quelle estime nous tenons les croisades. Au nom du sang du Christ, nous allons exterminer tous ces barbares. Je regarde passer le camion sans bouger. Finalement, je décide de tout garder. Je vais examiner attentivement tous ces journaux durant les vacances.

CHAPITRE XI

Un garçon cousu de femmes

LES FEMMES DE MA VIE

La fête

Je me revois, il y a près de quarante ans, j'avais sept ans et je vivais encore à Petit-Goâve, avec ma grand-mère Da, ma mère et mes tantes. C'était le temps béni de l'enfance. J'étais dans la chambre principale (celle avec le grand lit de Da), les deux petits lits où dormaient ma mère et mes quatre tantes, la grande armoire en acajou verni et la minuscule table où se trouvait la statue en porcelaine de la Vierge tenant l'enfant Jésus dans ses bras. Ma mère et mes tantes s'apprêtaient à aller danser au Lambi Club, une piste de danse en plein air, pas loin de la mer. Je ne sais pas pourquoi, je garde en mémoire, quarante ans plus tard, le moindre détail de cet instant qui reste à mes yeux le plus joyeux moment de ma vie. La scène semble pourtant bien simple. Da est à genoux devant la statue de la Vierge, à faire sa prière du soir. Ma mère et mes tantes sont en train de s'habiller tout en mettant au point la stratégie de la soirée. Elles rient, s'échangent les robes (elles ont à peu près la même taille), se chamaillent à savoir à qui appartient un homme : à celle qui le voit la première ou à celle à qui il sourit d'abord. Les parfums. Les tarlatanes virevoltant. Les rires. Je ne comprenais pas trop bien ce qui se passait, mais le bonheur était là, palpable, dans cette chambre. Elles ont continué à rire, à se lancer des vêtements à la tête, à chanter, j'imagine longtemps après que je me fus endormi. Cet événement m'a tant marqué que je n'arrive pas à accepter la tristesse chez les femmes.

L'amour
Tante Ninine a passé la semaine à préparer ce repas. Elle a elle-même, ce qui est exceptionnel, choisi la viande et les légumes au marché. Il avait dit qu'il viendrait vendredi soir. Tout était prêt dès le jeudi après-midi. Il ne restait que la lente cuisson des légumes (aubergines, mirlitons, carottes), la viande étant épicée depuis trois jours. Tante Ninine nous a donné de l'argent, à mes cousins et à moi, pour qu'on aille voir ce sanglant western au cinéma Cric Crac. Tante Ninine déteste les westerns, mais le film du Paramount étant une histoire d'amour très sucrée (beurk), et comme elle ne tenait pas à nous avoir dans les jambes quand il viendrait pour le souper, alors elle nous a envoyés admirer le rictus assassin de Franco Nero dans *Django*. De retour du cinéma, je trouvai tante Ninine affalée sur la table. Il n'était pas venu. Je me demande encore aujourd'hui pourquoi un type prend la peine de donner rendez-vous à une femme, chez elle, quand il sait pertinemment qu'il ne viendra pas. Ce genre de cruauté me laisse abasourdi. J'ai vu quels soins tante Ninine a mis dans la préparation de ce re-

pas d'amour. Nourrir quelqu'un dans un pays comme Haïti peut être la plus haute manifestation de l'amour. Je me suis juré depuis de ne jamais agir comme ce goujat. Je me préparais à me coucher quand le téléphone résonna. Tante Ninine s'y précipita. J'entendis une voix fraîche, joyeuse, vivante, totalement réveillée, qui assurait quelqu'un à l'autre bout du fil que ce n'était pas bien grave s'il n'avait pas pu venir. Je suis resté un moment confus avant que le sommeil ne vienne me chatouiller la nuque.

Les oranges

Nous habitions à Port-au-Prince, non loin du cimetière. Ma mère travaillait, à l'époque, aux archives de la mairie. Je n'avais pas le droit de sortir, les jours de classe, pour observer la rue. J'adorais regarder les gens vaquer à leurs occupations. Le spectacle de la vie m'excitait follement. Je passais mes après-midi assis sur le chambranle de la fenêtre à étudier mes leçons tout en guettant l'arrivée de ma mère. Je pouvais la voir longer le cimetière sous ce terrible soleil de trois heures de l'après-midi. Sa valise toute gonflée. Elle m'apportait d'énormes oranges au jus très sucré. Je les dévorais immédiatement et quelques gouttes tombaient sur les pages de mes livres d'algèbre ou d'histoire. Pendant longtemps, j'ai cherché une femme capable de déformer sa valise en m'apportant d'énormes oranges. Je pense toujours à cette scène avec une profonde émotion.

Le voyage

Tante Gilberte a toujours rêvé de voyager. Elle a dépensé une fortune pour se procurer les pièces nécessaires à son voyage. Elle fréquentait beaucoup les agences de voyages (à l'époque j'entendais prononcer le mot *voyage* au moins une centaine de fois par jour) et elle avait constamment rendez-vous aussi avec certains individus qui n'étaient en fait que de minables escrocs dont on lui avait dit qu'ils étaient capables de lui procurer un visa de résidence aux États-Unis. Malgré les multiples échecs essuyés, elle ne s'était jamais découragée. Elle étudiait l'anglais avec un petit livre assez rudimentaire de grammaire et de conversation acheté chez un brocanteur devant la cathédrale. Je peux voir aujourd'hui que tante Gilberte n'avait aucun talent pour les langues étrangères. Finalement, elle a pu décrocher un visa (je me demande encore par quels moyens elle y était parvenue). Un après-midi (une dizaine de jours avant son départ), je l'ai surprise, dans sa chambre, en train de pleurer, la tête sous l'oreiller.

– Qu'est-ce que tu as, tante Gilberte ?
– J'ai peur.
– Peur de quoi ?
– Peur de ce qui pourrait m'arriver là-bas.
– Mais, tante Gilberte, tu as dépensé toutes tes économies pour ce voyage.
– Je sais, mais j'ai peur.

C'est toujours effrayant pour un enfant de voir pleurer un adulte. Je ne comprenais pas sa peur. Je n'en voyais pas la cause. Surtout qu'elle avait tant rêvé de ce voyage. Elle disait qu'elle n'arrivait pas à respirer dans ce pays et qu'elle allait mourir si elle ne partait pas. Tante Gilberte est partie quelques jours plus tard. Je l'ai accompagnée à l'aéroport. Toute la famille était là. Tante Gilberte semblait radieuse, comme si sa peur s'était subitement évaporée. Au moment de franchir la dernière porte, elle se tourna vers moi et, l'espace d'un cillement, j'ai pu voir ses yeux effrayés, pareils à ceux d'un animal traqué. Des années plus tard, je me suis rappelé son courage au moment de quitter définitivement mon pays.

L'argent

C'est tante Raymonde, ma marraine, qui partit, la première, pour Miami. Trois mois plus tard, elle avait commencé à envoyer de l'argent à ma mère. Cet argent a servi à payer le loyer si cher de la maison de Lafleur-Duchêne. Une coquette cabane dont la minuscule galerie était complètement cachée par un massif de lauriers-roses. C'était vital pour ma mère que nous habitions dans un quartier décent. Elle a vraiment insisté pour nous envoyer, ma sœur et moi, dans une bonne école. Tout cela coûtait assez cher. Et c'est tante Raymonde qui trimait dur à Miami pour nous permettre de faire face à ce qu'elle-même appelle « la tempête de la vie ». Tante Gilberte, jouissant d'une santé chancelante, ne travaillait plus qu'à temps partiel. Chaque matin, en partant pour l'école, je surprenais ma mère, assise sur la petite galerie, en train de refaire le budget mensuel. C'est que le prix des nourritures de base montait et descendait sans cesse. Il fallait constamment refaire le budget pour pouvoir tenir jusqu'à la fin du mois (je me rappelle que les mois d'été furent les pires). Ma mère faisait des miracles avec le peu d'argent dont elle disposait. Elle ne se plaignait jamais de rien (même de ce mal de dents qui ne lui donnait aucun moment de répit). Je l'entendais gémir doucement durant la nuit. Je revois en ce moment son sourire triste. Dès que l'argent de tante Raymonde arrivait, ma mère exigeait que ma sœur et moi lui fassions dès le lendemain une lettre de remerciement. Il faut dire que tante Raymonde ne manquait jamais, à chaque courrier, de rappeler à ma mère les souffrances qu'elle endurait à Miami afin de nous envoyer ce chèque. Ma mère m'a appris à toujours remercier pour un bienfait reçu. Trente ans plus tard, tante Raymonde m'a montré le volumineux courrier bien ficelé qu'elle a reçu de moi durant toutes ces années de misère à Port-au-Prince. Ma mère veillait à ce qu'on n'écrivît jamais la même chose d'une lettre à l'autre. Mon premier livre aurait dû s'appeler : *Comment dire merci sans se fatiguer.*

Les deux Suzanne

Si j'ai pu échapper aux tortionnaires de Duvalier qui venaient de faire la peau à mon meilleur ami Gasner Raymond, c'est grâce à deux femmes du nom de Suzanne. L'une est de Montréal, et l'autre de Vancouver. L'une, Suzanne Bélisle, m'a envoyé le billet d'avion et la lettre d'invitation qui m'ont permis de quitter cette dictature tropicale en folie. L'autre, Suzanne Vallée, m'a permis de rester à Montréal en faisant à ma place toutes les démarches nécessaires auprès du ministère de l'Immigration et en prenant à son compte toutes les dépenses que cela a pu occasionner. Tout cela par simple générosité. Un après-midi, Suzanne Vallée m'a appelé d'un hôpital de Toronto, pour s'excuser de mourir d'une saloperie de cancer. Personne ne m'a jamais annoncé sa propre mort avec une telle élégance.

Les dames du soir

J'avais passé toute la journée à chercher un appartement. Finalement, j'ai sonné à cet immeuble de la rue Saint-Hubert, juste en face du Terminus Voyageur. Deux femmes d'à peu près soixante-quinze ans m'ont ouvert pour m'inviter tout de suite à les suivre dans un petit salon encombré de bibelots et de daguerréotypes anciens. Des visages d'un autre siècle. Les deux sœurs se sont assises calmement en face de moi. Elles m'ont offert une sorte de liqueur verte dans un minuscule verre étrangement lourd. Le goût de cette mixture, tout compte fait, n'était pas si mauvais. Elles n'arrêtaient pas de me sourire. Un sourire bienveillant. J'étais habitué à des accueils plus expéditifs. La plus âgée des sœurs souffrait visiblement de la maladie de Parkinson. Son héros, à ce qu'elle m'a appris ce soir-là, n'était nul autre qu'Abraham Lincoln, celui-là même qui avait libéré les esclaves aux États-Unis. Nous avions conversé un moment et elle semblait incollable sur cette période de l'histoire américaine. Naturellement, j'ai eu l'appartement. Et durant tout le temps que j'ai vécu près d'elles, elles ont pris soin de moi comme si j'avais été leur propre fils. Souvent, j'arrivais exténué à la maison pour trouver un bon repas chaud qui m'attendait dans ma chambre. Quand l'aînée est morte, l'autre sœur a vendu l'immeuble pour aller vivre seule dans un petit meublé un peu plus bas, sur la même rue.

L'amie

Quelqu'un m'a invité à une petite soirée chez une de ses amies. J'y suis allé un peu à reculons. Il faisait froid cette nuit-là, et c'était mon premier hiver à

Montréal. Je suis arrivé assez tard. J'avais très faim. Il ne restait plus rien à manger. Une jeune femme s'est dévouée pour me préparer quelque chose. C'était délicieux. Pour la remercier, je l'ai prise dans mes bras pour la soulever de terre. C'est ainsi qu'a commencé mon amitié avec Mireille Barberousse. Et depuis lors on ne s'est plus jamais quittés. On ne se voit plus aussi souvent qu'auparavant. Il m'arrive de venir à Montréal sans même l'appeler au téléphone. De toute façon, elle est la dernière personne que j'appelle parce qu'elle est la seule personne qui ne me fait pas de reproche à ce sujet. C'est peut-être cela la véritable amitié : on n'a jamais à s'expliquer.

La rencontre

Je suis arrivé à Montréal pendant l'été 1976, et je suis retourné à Port-au-Prince en 1979. Une sorte de dernier tour de piste avant l'envol définitif. J'ai passé six mois à Port-au-Prince durant ce séjour. J'avais repris mon poste de chroniqueur à l'hebdomadaire *Le Petit Samedi Soir*. L'équipe avait l'habitude de se retrouver chez un des journalistes, qui habitait près des Archives nationales. On était dans le salon à discuter des événements du jour quand quelqu'un se tourna vers moi pour me demander, comme ça, sans préavis, ce qu'était d'après moi l'amour. Sans hésiter, je désignai la jeune femme à ma droite à qui je venais d'être présenté. Elle s'appelle Maggie. Alors, j'ai simplement dit : « Maggie c'est l'amour. » Quelque temps plus tard, elle est partie à New York. Je l'ai rejointe là-bas. Notre fille aînée est née à Manhattan. Ensuite, elle est venue vivre avec moi à Montréal, où nous avons eu deux autres filles. Aujourd'hui, nous vivons à Miami. Cela fait exactement vingt ans que nous nous sommes rencontrés. C'est mon témoin capital. Si j'aime la lumière, elle préfère l'ombre. Elle déteste aussi être photographiée.

Da

Une fois, j'ai demandé à Da, ma grand-mère, ce qu'était la mort. Elle a réfléchi un long moment avant de murmurer comme pour elle-même : « Attends, Vieux Os, tu verras. » Un samedi après-midi, j'ai reçu le coup de fil fatal. Da venait de mourir. Le choc de ma vie. Finalement, après une longue promenade, j'ai décidé froidement que Da n'était pas morte, qu'elle ne pouvait pas être morte. Je l'ai fait revivre dans ma tête, dans mon cœur et dans mon esprit. Alors je n'ai pas pleuré. On ne pleure pas quelqu'un qui est toujours vivant. Elle n'arrête pas de me sourire. Et chaque fois que je sens l'odeur d'un bon café, où que je sois dans le monde, je pense à Da.

À L'OMBRE DE MES FILLES

On peut quasiment parler d'un plan quinquennal puisque mes filles sont nées en 1980 (Melissa), 1985 (Sarah), 1990 (Alexandra) – je ne sais faire que des filles. Une affaire rondement menée, en 10 ans. L'aînée, Melissa, est née à Manhattan, et ce jour-là, il a fait 80 °F à l'ombre, selon le *Daily News*. Les deux autres sont nées à l'hôpital Sainte-Justine de Montréal. Je signale cet hôpital parce qu'Alexandra répondait spontanément Sainte-Justine à tous ceux qui voulaient savoir quel était son pays d'origine. Comme elle avait quinze jours quand on a quitté Montréal pour aller vivre à Miami, elle a longtemps pensé à Sainte-Justine comme à un joli village perpétuellement enneigé. C'est à cause de ce petit tableau de Tanobe, montrant des enfants en train de se lancer des boules de neige dans une ruelle toute bariolée, qu'elle a toujours voulu garder dans sa chambre. Dans la chaleur de Miami, elle a longtemps rêvé d'une enfance de glace. Quant à Sarah, son pays n'était rien d'autre que le ventre de sa mère. Le vrai pays. Melissa jurait qu'elle était le seul être humain du trio, et que ses sœurs n'étaient en fait que des extraterrestres venant d'une petite planète située en banlieue de la Terre, mais on n'a jamais pu savoir de quelle planète il s'agissait.

Cette question des origines me semble l'une des plus mystérieuses qui soient. Pour masquer notre ignorance de la chose, on a préféré gommer de la comptabilité de la vie les neuf mois passés dans le ventre de la mère. Cette étape cruciale dans la vie de tout individu n'est notée sur aucun registre. Je suppose que si on est né dans un village et qu'on y a passé toute sa vie, la question des origines sera peut-être moins brûlante que pour celui qui est né à Montréal, qui vit à Miami, et dont les parents viennent de Port-au-Prince. En fait, je crois qu'il faut y aller mollo avec le nationalisme, et laisser les enfants rêver leurs origines. On leur dit tout trop vite. L'enfant arrive dans un monde d'où toute surprise est bannie. Tout est déjà fin prêt bien avant sa naissance : son nom, sa chambre, ses jouets, ses couleurs, son pays, son orientation sexuelle et même ses émissions favorites de télé. Le plus lourd dans cette histoire, ce sont ces gens (ses parents) qui affichent ce constant sourire niais dès que ses yeux tombent sur eux. On peut comprendre qu'il se mette à hurler de temps en temps. Chez moi, les questions ont commencé à pleuvoir dès que mes filles ont su parler, et un peu avant aussi.

L'ami de tous

Pour répondre à ce déluge de questions, j'ai inventé un système assez simple : je sais tout et je connais tout le monde. Un jour qu'on était à table et que je tentais vainement de leur expliquer que nous gardons, stockée au fond de nous, toute l'expérience humaine et qu'il suffit de savoir comment la faire remonter à la surface pour tout savoir, m'est venue subitement l'idée de leur raconter la méthode de Socrate. Mais je n'ai qu'à dire qu'il s'agit d'un philosophe né il y a plus de deux mille ans pour qu'elles se mettent à regarder le plafond. Alors pour contrer cela, je leur ai raconté que Socrate fut l'un de mes plus vieux amis et que nous avions fréquenté la même garderie en banlieue d'Athènes. Et Shakespeare ? Lui, c'était un cousin de mon père. « Tu l'as connu vraiment, papa ? – J'étais petit et mon père m'interdisait d'aller le déranger parce qu'il écrivait à ce moment-là. – Quelle pièce ? – *Roméo et Juliette*. » Moment de stupeur qui me permet d'expliquer tranquillement la vie (était-ce en réalité Bacon ?) et l'œuvre de l'auteur de *Hamlet*. « Tu n'as pas connu Marco Polo ? – Bien sûr, mais, pour des raisons politiques, je n'ai pas pu l'accompagner en Chine. – Comment l'as-tu rencontré ? – On a été en classe ensemble. – Et comment était-il ? »

Pas besoin de vous dire qu'il m'a fallu relire le voyage de Marco Polo et dévorer sa biographie, car le principe, c'est de donner le maximum d'informations vraies dans un contexte de fiction. Je fus si passionnément pris au jeu que je n'ai pas remarqué qu'elles avaient depuis un moment compris mon manège. Mais elles non plus ne parvenaient pas à s'échapper du filet de séduction de la fiction. Ce qui fait que lorsque Melissa est allée plus tard à l'université, au nord de la Floride, il lui arrivait de me téléphoner tard le dimanche soir pour que je lui parle de mon copain Camus, signe qu'elle était en train de boucler un papier sur *L'étranger*.

Un regard

Il y a des enfants qui vous font peur à force de gravité. Souvent, je croise dans la rue de ces bébés assis dans leur poussette qui vous regardent avec une telle intensité qu'ils vous intimident. D'autres jettent sur le monde un regard si blasé qu'ils semblent revenus de tout. Melissa regardait celui qui s'adressait à elle avec tant d'esprit dans les yeux, que la personne ne parvenait pas à prendre le ton bêtifiant de mise pour parler à un bébé. On l'amenait partout aussi : au cinéma, au théâtre, à des concerts, chez des amis. Le regard de Sarah effrayait plutôt les gens (les chats aussi). C'est un regard qui vous commande de garder vos distances. Et ceux qui ne tenaient pas compte de l'avertissement se faisaient violemment mordre le nez.

Alexandra avait le regard brillant de l'enfant constamment étonné. Elle s'est allongée en première loge afin de ne rien perdre du spectacle de la vie. Elle écoute tout, elle entend tout, et elle voit tout. Et surtout, elle n'oublie rien. Essayez donc de vivre avec un enfant qui n'est dupe de rien, et n'a de cesse de vous mettre en face de vos contradictions. C'est là qu'on découvre que si la démocratie est bonne pour un pays, elle est difficilement applicable dans une maison (« j'ai tort, mais on va faire comme je dis »). Alors ses yeux lancent de ces cris muets qui annoncent l'orage de l'adolescence.

Le sens de la vie

Un matin, Sarah entre dans ma chambre avant d'aller à l'école. Je fais semblant de dormir. J'aime bien observer aussi. Elle va directement devant le miroir, se regarde un long moment avant de laisser tomber : « Je n'ai que neuf ans, et déjà je ressemble à une vieille chèvre. » L'opinion d'une enfant de neuf ans à propos d'elle-même. D'une lucidité effrayante. Elle revient de l'école, brisée. Qu'est-ce qui se passe, Sarah ? Tu connais Mauricio ? (C'est son petit ami.) Bien sûr. Eh bien, il m'a quittée pour une fille plus jeune. Quel âge ? La fille, elle a huit ans. Sarah ! Elle avait peut-être six ans quand une de ses tantes est arrivée à la maison. Elle se précipite sur Sarah qui refuse de l'embrasser. Pourquoi ne veux-tu pas l'embrasser ? Mais, papa, je l'ai déjà embrassée. Quand ? Le mois dernier. Elle l'avait embrassée une fois, et c'était, croyait-elle, pour la vie. Elle ne comprenait absolument pas le sens d'un tel rituel. Ce qu'elle pouvait capter d'un seul coup d'œil et qui lui était intolérable, c'est la moindre injustice. Et le temps n'y fait rien. Cette injustice peut être arrivée il y a mille ans, l'indignation reste neuve. Il y a des chapitres de l'Histoire humaine qui la chagrinent au point de la rendre malade. Incapable de ne pas écumer devant la moindre injustice.

Il y a quelques années, on a fait un voyage en France. Toute la famille. Visite du Louvre. Alexandra, appareil photo en bandoulière, voulait se faire photographier avec Mona Lisa. Melissa, qui déteste les musées, promenait son ennui dans la vaste salle des sculptures. Brusquement Sarah s'est dirigée vers une fenêtre qui donne sur le parc et, au-delà, sur Paris. Je m'approchai doucement d'elle : « Qu'est-ce qu'il y a, chérie ? » Un moment, puis : « Je regarde pour tenter de comprendre comment il est possible que Marie-Antoinette n'ait pas pu constater la misère du peuple. » Ça, c'est Sarah : au milieu des trésors du Louvre, elle cherche encore où se cache la vie.

Les petits détails

J'ai toujours su qu'il fallait faire très attention à Alexandra. Elle murmure des choses qu'on a intérêt à écouter attentivement. On était, cette fois-là, au salon en train de causer bruyamment avec des amis. Elle n'avait pas encore cinq ans, et Sarah à peine dix ans. Elle s'est approchée de sa mère pour lui murmurer à l'oreille : « Je crois que Sarah est partie. » Celle-ci acquiesça légèrement de la tête, et la discussion reprit de plus belle. Une minute plus tard, la voilà qui revient à la charge, et la voix se fait toujours murmurante. Ce n'est qu'à la troisième tentative que sa mère sentit qu'elle cherchait à lui dire quelque chose d'important. Hurlements. Où est Sarah ? Dehors. On finit par trouver Sarah, son baluchon sur l'épaule, en train de faire du pouce. On ne verra jamais Alexandra élever la voix, mais c'est le genre à ne pas lâcher facilement le morceau. Elle peut revenir à la charge jusqu'à vous rendre dingue.

Sans oublier cette mémoire d'éléphant qui stimule trop souvent une dignité à fleur de peau. Il y a quelque chose en elle qui vient de ma mère et qui m'émeut fortement.

Le cœur en écharpe

Je ne sais ce qui m'a pris d'empiler tout le monde dans la voiture pour un long voyage de soixante-douze heures, de Montréal à Miami. Cela faisait une heure qu'on avait quitté la maison que déjà certains trouvaient la route longue. On n'a qu'à imaginer une adolescente cuvant sa peine d'amour dans une voiture surpeuplée. L'enfer. Melissa devenait une tigresse assoiffée de sang. Du sang de ses sœurs. Elle ne voulait ni manger ni boire. J'y prêtais mollement attention jusqu'à ce que je l'entende refuser d'aller faire du shopping avec sa mère. Alors là, j'ai su que l'affaire était vraiment grave. Une adolescente nord-américaine qui refuse d'aller courir les magasins! On a tout essayé pour lui changer les idées, mais l'amour s'est accroché à chacun de ses neurones. Des années plus tard, elle me confia que ce fut le plus beau voyage de sa vie. Quelle étrange chose que le cœur humain!

Voilà, j'ai trois filles, comme le roi Lear.

CHAPITRE XII

Un monde sec

LE VOYAGE ET LE RETOUR

J'habite dans trois villes en ce moment. Trois villes du continent américain : Port-au-Prince, Montréal, Miami.

Port-au-Prince occupe mon cœur. Montréal, ma tête. Miami, mon corps. Il y a des gens qui, quand ils changent de ville, effacent de leur mémoire la ville précédente. Moi, je ne quitte jamais une ville où j'ai vécu. Au moment où je mets les pieds dans une ville, je l'habite. Quand je pars, elle m'habite.

Un costume : le rapport que j'ai avec une ville est le même que j'ai avec mes vêtements. Il ne faut pas que les manches soient trop courtes ni le collet trop serré. Je ne dois pas avoir l'impression de porter un fardeau. C'est pour cela que je préfère les villes américaines (étant relativement moches, elles ne vous donnent pas l'impression d'être constamment un touriste) aux villes européennes. On voit d'abord Paris avant de voir l'individu qui vit à Paris. Alors que des villes comme Montréal, Port-au-Prince ou Miami sont si récentes (d'un point de vue européen) qu'on a l'impression d'être soi-même en train de les créer au moment où on les parcourt.

Le sec et le mouillé

Quand j'étais petit, je rêvais souvent, et ce n'était pas un cauchemar, que la planète entière était asphaltée. Plus un arbre nulle part. À l'époque, je détestais les arbres. Quand on allait voir les arbres, comme disait ma mère, je savais qu'il y aurait des bestioles, de la boue, de l'humidité et des feuilles gluantes. Tout un monde douteux. Alors que je n'aimais que le sec. Le sec c'est la ville. Le mouillé, la campagne. Pour faire une ville, il faut couper les arbres et les remplacer par des maisons. Je souhaitais vivement que les voitures rutilantes prennent vite la place des stupides vaches.

Les voisins

J'aime tout d'abord que les maisons soient collées les unes aux autres, et que les voisins deviennent vite des parents qui peuvent disparaître de votre vie du jour au lendemain. J'aimais bien, le soir, faire semblant de dormir pour écouter ma mère et mes tantes raconter des histoires à propos des voisins. J'imaginais qu'au même moment ils faisaient la même chose à quelques mètres de nous. Ces histoires de la vie quotidienne ont nourri mon imaginaire d'enfant. Et je les ai toujours préférées aux contes folkloriques, qui se passaient la majeure partie du temps à la campagne. Aussi loin que je remonte dans le temps, la vie privée de mes voisins m'a toujours diablement intéressé. Je préfère les hommes aux dieux. La campagne est encore un lieu fourmillant de mythes, de rites et de magie. La ville, c'est le territoire des hommes.

Les inconnus

Vous ouvrez la porte et vous tombez sur un inconnu. Et ce type peut venir de n'importe où. Il peut être blanc, noir, jaune. Il peut parler anglais, allemand, japonais, coréen, chinois, arabe ou suédois. Et on n'est pas obligé de le saluer. On le frôle. On se dit que ce type ne sait encore rien de cette ville (voilà une chose que nous pouvons détecter facilement car avons tous été, une fois, celui qui venait d'arriver) et on peut le savoir à sa façon de déambuler dans la ville, à sa manière (à la fois conquérante et admirative) de regarder les gens. Et on sait que ça ne lui prendra pas moins de sept ans pour s'identifier totalement à cette ville. Mais quelque part, on aimerait être à sa place, avoir devant soi une ville neuve à parcourir, à étudier, à observer, à lire.

La grande aventure

On cherche sans cesse des sensations fortes. On rêve du temps où il était encore possible de découvrir des îles vierges, un monde nouveau. Aujourd'hui, cela n'est donné qu'à ceux des pays pauvres (*boat people*), à ceux qui doivent faire face à la pire des humiliations, pire même que le mépris : l'indifférence. L'indifférence peut déboucher dans certains cas (pour moi par exemple qui suis un observateur de la vie quotidienne) sur la liberté la plus totale. Personne ne vous regarde. On est seul. On est libre. On peut observer les gens sans qu'ils se doutent de rien. Le voyageur impassible. Mais la grande aventure, la dernière, c'est de tomber dans la pire situation d'infériorité (Gombrowicz à Buenos Aires par exemple) et qu'il ne vous reste plus qu'à vous réinventer. En arrivant à Montréal, en 1976, j'ai dû plonger dans une ville nouvelle, dans une langue nouvelle (du moins un accent nouveau), dans une race nouvelle, dans des codes nouveaux, dans un nouveau climat. La page blanche, quoi !

Le bar
C'est définitivement l'invention la plus propre à la ville. On va quelque part. On s'assoit. Quelqu'un vient vous servir : on commande un verre de vin rouge, et on attend. Quelqu'un vous aborde. On cause un moment. Ce type est ennuyeux comme la pluie. On décide de changer de disque. On repère une jeune fille au loin. On se parle des yeux. Le vin arrive enfin. On le boit très lentement. Quand il fait -30 °C dehors, on a l'impression d'être au paradis ici. Le vin est à la ville ce que le sang de bœuf est à la campagne. C'est ici dans ce bar que tout peut arriver et que, généralement, rien n'arrive. Sauf dans la tête de ce type qui griffonne quelque chose dans un carnet près du calorifère.

Le premier voyage
Je suis né à Port-au-Prince, dans la grande chaudière, comme on dit. Très tôt, ma mère a eu l'idée de m'expédier à ma grand-mère, à Petit-Goâve. Ce qui fait que j'ai passé mon enfance dans cette ville de province coincée entre la montagne et la mer. Mon éducation a été curieusement faite, puisque ma grand-mère Da avait coutume de dire que l'enfant est le

professeur et l'adulte, l'élève (tiens, comme Borges et son père). J'ai passé mon enfance presque nu à escalader les collines à la poursuite des jeunes cabris et à jouer à la marelle sur les tombes du petit cimetière des enfants (à Petit-Goâve, les adultes ne sont pas enterrés au même endroit que les enfants). Je vivais agréablement en dehors de la loi, puisque l'amour peut toujours remplacer avantageusement la loi. À douze ans, j'ai fait mon premier voyage (disons le deuxième puisque j'avais dû quitter précipitamment Port-au-Prince pour Petit-Goâve vers l'âge de quatre ans) pour aller retrouver ma mère à Port-au-Prince. Mon éducation, je l'ai su beaucoup plus tard, était déjà terminée. Je n'avais plus rien d'autre à apprendre. Je savais déjà l'essentiel du métier d'écrivain (on est écrivain dès l'enfance) que j'exercerai plus tard : observer. J'ai appris à observer, les gens comme les animaux, durant les interminables après-midi pluvieuses que je passais avec ma grand-mère sur la galerie de notre maison à Petit-Goâve. Je passais mon précieux temps à regarder vivre les fourmis et à essayer de comprendre leurs codes de vie. De temps en temps, je relevais la tête pour regarder le mouvement des gens dans la rue. Ils semblaient toujours pressés de courir à leurs occupations. Quand il pleuvait et que ceux-ci étaient obligés de s'abriter, en face, sur la galerie de la maison de Mozart, je savais qu'ils n'avaient rien à craindre tant qu'ils se tenaient au-delà de la dix-huitième rangée de briques. La pluie n'avait jamais traversé cette frontière. Mais c'est un savoir que je ne pouvais communiquer à personne. J'ai dû attendre plus de vingt-cinq ans pour raconter dans mes livres cet apprentissage secret.

Le deuxième voyage

J'arrive à Port-au-Prince. L'étranger dans sa ville natale, comme dit Limonov. D'abord, la panique. Les voitures, les foules en sueur, le bruit incessant, cette ville qui ne semble jamais prendre un moment de repos. Mais je n'ai jamais oublié que c'est aussi la ville de mes premiers émois sexuels. Ces jeunes filles qui habitaient juste en face de chez moi. Ces terribles tigresses de la jungle urbaine qui dévoraient tout sur leur passage allaient tranquillement m'initier à cet art difficile de la chasse. La chasse à la jeune fille est un art de haut vol. La ville sentait l'essence (résister au désir, je l'ai vite appris à mes dépens, c'est tenter d'éteindre le feu avec de l'essence). La nuit port-au-princienne sent l'ilang-ilang.

La politique

Tout le monde se connaissait à Petit-Goâve. Si quelqu'un commettait un abus de pouvoir (on est au début de Papa Doc), il était banni de la société. Alors qu'à Port-au-Prince, à l'époque, c'était la norme. En venant rejoindre ma mère à Port-au-Prince, je découvrais tout en même temps : la violence, la dictature, le sexe, l'inégalité sociale, la compétition, la foule. Tout, vraiment tout. Duvalier régnait sur cette ville anarchique. Duvalier lui-même a contribué à créer cette anarchie en organisant de grandioses manifestations populaires à Port-au-Prince auxquelles il exigeait la participation du pays tout entier. Les villes de province se sont vidées, d'un coup, au profit de l'insatiable Port-au-Prince.

La peur

Ce sentiment a dominé mon adolescence. Le danger était partout à Port-au-Prince. Les requins passaient tranquillement au large ou circulaient dans la ville dans des jeeps DKW. Ils nous épiaient derrière leurs lunettes noires. Un monde de ténèbres. Malgré tout, j'étais comme un poisson dans l'eau. Je savais comment éviter ces grands squales. Souvent il m'arrivait de sentir comme un liquide glacé courir le long de ma colonne vertébrale : la peur. La première fois, c'était à l'aube. Je devais rencontrer les copains dans la cour du collège Saint-Pierre pour préparer un match de volley-ball. Brusquement, je sentis qu'il se passait quelque chose derrière moi. Je me retournai à temps pour voir une voiture, tous feux éteints, foncer sur moi. Je l'esquivai et je continuai de marcher en pensant qu'un chauffard avait peut-être perdu le contrôle de sa voiture. Je poursuivis mon chemin vers le collège. Le sentiment d'être suivi. Je me retournai à temps pour constater qu'en effet la voiture noire roulait doucement, sur le trottoir, derrière moi. Le chauffeur pointait déjà sur moi un long 38. Je courus vers les jardins du collège et me cachai derrière un massif de lauriers. Je restai là, un bon moment, le cœur battant. Je le regardai passer près du terrain de volley-ball. Que me voulait-il ? Bien sûr me tuer, mais pourquoi ? Ce type ne me connaissait pas, je ne le connaissais pas. Je ne comprenais plus rien. Quel étrange pays !

Le départ

Je me souviendrai toujours de cette dernière soirée à Port-au-Prince. Je marchais dans la ville avec le sentiment que quelque chose d'irréparable se passait. Je ne pouvais en parler à personne. Je devais quitter le pays sans rien dire à mes plus proches amis. J'avais l'impression de trahir tout ce qui faisait jusqu'à cette nuit l'essentiel de mon existence. Et je n'avais que vingt-trois ans. C'est un âge où l'on a tendance aussi à tout prendre au tragique. Mais étrangement, cette nuit-là j'ai ressenti en même temps un sentiment d'invulnérabilité que je n'ai jamais éprouvé depuis. La proximité de la mort, peut-être. Je me sentais comme invisible, inatteignable. Je logeais dans l'œil du cyclone.

Le troisième voyage

Je connaissais déjà les grandes villes occidentales par la littérature et le cinéma, mes deux passions du moment. Paris (La Nouvelle Vague), Berlin (Fassbinder), Rome (Fellini), New York (Woody Allen) n'avaient aucun secret pour moi. Je dévorais les revues où l'on détaillait la vie quotidienne dans ces villes magiques. Je collectionnais les cartes postales et les timbres. Je découpais des magazines, des photos de squares, de gares, de marchés, de rues. J'étais obsédé par les images éblouissantes de la vie quotidienne qui semblaient être la production courante de ces villes magnifiques. Je dois dire qu'en arrivant à Montréal j'ai été à la fois déçu et heureux. Naturellement, les stars ou les villes sont plus jolies dans les magazines, mais j'ai été aussi agréablement surpris de tomber sur une ville plus simple que je ne l'imaginais (si une ville peut l'être avec ses réseaux complexes), accueillante, et surtout à ma mesure. Ce n'était pas Paris ni New York; grâce à Dieu, c'était Montréal.

Seul dans la ville

Voilà donc, cette année 1976, quand commence l'expérience la plus importante de ma vie. Plus importante que mon face-à-face avec la dictature. La survie dans une ville nouvelle, sans ma mère ni mes tantes. J'ai déménagé au moins douze fois, la première année. La meilleure façon pour connaître une ville, je crois. J'ai travaillé dans des usines, j'ai vécu chez des amis ou dans des chambres crasseuses où j'ai connu dans un éblouissant désordre la faim, la femme et la solitude pendant cette épuisante première année. J'ai raconté ce début difficile dans un petit livre (*Chronique de la dérive douce*) parce que tout ce qui m'arrive se transforme, un jour ou l'autre, en littérature. C'est ce qui m'a permis de survivre. Je n'étais pas pauvre, j'expérimentais la pauvreté. Je n'étais pas seul, j'étudiais la solitude. Montréal représentait à mes yeux la liberté absolue. Aucun témoin. Pour la première fois, ma vie se trouvait entre mes mains.

La machine à écrire

Je me souviens exactement de ce jour où, sans même savoir taper à la machine, j'ai acheté une vieille Remington 22 chez le brocanteur. Je suis rentré chez moi dans cette étroite chambre près du square Saint-Louis. J'ai glissé une feuille blanche dans le tambour et, sans raison particulière, j'ai commencé à décrire mon appartement et mon nouveau genre de vie dans cette nouvelle ville. J'écrivais au présent et à la première personne. À mon grand étonnement, je ne parlais ni d'Haïti ni de la dictature, mais de ma vie personnelle, quotidienne, ordinaire. Un individu venait de naître.

Le sexe
Deux choses m'ont impressionné en arrivant à Mont-réal : la liberté sexuelle et le nombre incroyable d'églises qu'on y trouve. Cela résumait assez bien ma situation à l'époque : un garçon vertueux tenaillé par une incommensurable faim sexuelle. J'ai raconté dans mon premier livre (*Comment faire l'amour avec un Nègre sans se fatiguer*) ma découverte de cette ville et de la femme blanche. Pourquoi blanche ? Je n'en avais pas connu en Haïti. Simplement l'attrait de la nouveauté. La femme blanche est née de la chair du maître. J'avais faim d'elle.

Le quatrième voyage
Je suis à Miami. C'est ici que j'écris. Ma famille y vit. Je n'ai jamais écrit sur Miami, ce qui veut dire qu'elle ne m'habite pas encore. Il me faut des années pour digérer une ville.

Le retour
Petit-Goâve ne compte pas dans cette énumération, puisque je ne peux pas prendre de recul avec ce qui m'a façonné. L'enfance. Un petit garçon assis avec sa grand-mère sur une galerie tout en rêvant à de longs voyages dans des pays lointains… Un jour, le retour…

LA LECTRICE

La dernière fois que je l'ai remarquée, elle était près du jet d'eau, tout au milieu du parc. À mon arrivée, je l'avais tout de suite repérée sur le banc d'en face.

Une femme d'une cinquantaine d'années au visage assez ingrat. Le genre de personne à passer inaperçue partout. Pourtant, si on la regarde plus attentivement, on risque de découvrir chez elle une sorte de tristesse délicate assez séduisante. On détecte tout de suite chez elle un tempérament fort. Malgré son air timide, elle est prête à aller jusqu'au bout de ses passions. Cela fait un moment qu'elle rôdait autour de moi. Ne se tenant jamais trop loin. Je la suivais du coin de l'œil. Parfois, nos yeux se croisaient et je sentais chez elle une chaude affection. J'ai cette impression de plus en plus forte de la connaître sans vraiment savoir où je l'ai rencontrée.

— Excusez-moi, madame, dis-je en lui faisant signe de s'approcher un peu, j'ai l'impression de vous connaître.

Elle me sourit timidement.

— Non, je ne pense pas…

— Pourtant, votre visage m'est familier.

— Je ne sais pas… Peut-être…

Elle me fait un sourire timide.

— Vous vouliez me parler ?

Son visage s'éclaire immédiatement.

— C'est que j'ai lu tous vos livres.

Je me méfie toujours des gens qui me racontent qu'ils ont lu tous mes livres. Généralement, cela vient de quelqu'un qui n'a lu que trois, quatre ou tout au plus six de mes livres. J'ai très rarement rencontré une personne à avoir lu tous ces bouquins, à part mon éditeur et moi. Même moi, je ne crois pas les avoir tous lus. Par contre, je n'ai pas pu y couper, il a fallu les écrire tous.

– Je sens que vous ne me croyez pas, mais j'ai lu tous les dix livres. J'en aurais lu d'autres, mais si j'ai bien compris vous n'allez plus écrire.

– Je sais que c'est un peu étrange de ma part de vous le demander comme ça : Cela vous fait-il quelque chose que je n'écrive plus ?

– Non, rien.

– Ah bon… Pourquoi ?

– Parce que je ne peux regretter un livre qui n'a pas été écrit. De toute façon, personne ne peut savoir comment une telle histoire finira.

– Que voulez-vous dire par là ?

– Le livre n'appartient pas uniquement à l'auteur. Il est aussi au lecteur.

– Bien sûr.

– Je ne voudrais pas trop vous déranger…

– Au contraire…

– Voilà, je voudrais vous raconter mon rapport avec vos livres, si ça ne vous dérange pas trop.

– C'est uniquement pour cette raison que j'écris. J'aime rencontrer les gens. Si je veux prendre une distance maintenant avec l'écriture, c'est pour une raison bien simple ; après un certain nombre de livres, les gens vous prennent pour ce que vous ne voudriez jamais être : un professionnel. On ne vous parle plus, on vous écoute. Et ça, c'est la pire des choses qui puissent arriver à un être humain, quel qu'il soit.

– Je vous ai découvert avec *L'odeur du café*. Comme je n'ai pas beaucoup d'argent, je ne voyage pas souvent. Ce livre m'a permis d'aller très loin. Depuis, je connais votre grand-mère, votre chien, les canards de Naréus, le notaire Loné, tous ces gens d'une petite ville d'Haïti que je ne visiterai peut-être jamais. La plupart sont morts depuis longtemps, mais je les connais tous. Leur vie m'importe plus que celle des gens que je côtoie chaque jour. Des fois, je marche sous la pluie et je me dis que j'aimerais être comme le notaire Loné qui peut marcher sous la pluie sans se mouiller. Cette idée ne reste pas trop longtemps dans mon esprit parce que j'adore exposer mon visage nu à la pluie... Je parle trop...

– Non, non, continuez.

– On ne peut pas écrire un livre pour faire plaisir à quelqu'un en particulier. Vous avez dit à une dame tout à l'heure que vous auriez aimé connaître votre lecteur avant d'écrire le livre... Ce n'est pas possible puisque vous ne pouvez faire que la moitié du livre ; c'est au lecteur anonyme de faire l'autre moitié. On vous sent dans votre petite chambre, monsieur, en train de raturer, de recommencer, de faire des crises, de réfléchir ou de sourire, on sent tout cela, mais cela n'explique pas pourquoi ce livre m'a bouleversée totalement. Comme vous ne pouvez décider, tout seul, d'écrire un livre ou de ne pas l'écrire. Cela vient d'une zone plus profonde et plus étrange que la volonté. Oh, je ne voudrais pas vous vexer...

– Vous ne me vexez nullement. Je suis plutôt heureux de savoir que je ne suis pas seul dans cette histoire.

– Oh non, vous n'êtes pas seul, mais vous ne verrez jamais l'autre.

– Il m'est arrivé quand même de rencontrer par hasard des lecteurs dans la rue, comme vous d'ailleurs...

Elle sourit tristement.

– Je sais, mais je parlais d'autre chose. Je vous fatigue… De toute façon, j'ai des commissions à faire. Ah bon, j'allais oublier, il y a une chose pour laquelle je voudrais surtout vous remercier… Dans votre premier livre, votre narrateur est toujours en train de boire du « mauvais vin ». Ce simple mot m'a sauvée de la honte. J'adore le vin, et avant, quand j'avais de l'argent, j'achetais toujours « une bouteille de très bon vin ». C'est ainsi que je disais. Plus tard, quand j'ai senti vraiment que je n'avais plus la possibilité de me payer « une bouteille de très bon vin », j'ai pensé sérieusement à me tuer. Vous devez vous dire qu'on doit être bien frivole de vouloir se tuer pour si peu, mais c'était ce qui donnait du style à ma vie. Le vin rouge. Le sang de la vie. J'étais vraiment désespérée jusqu'à ce que je tombe sur votre livre où le narrateur me semblait doublement plus élégant que moi à boire du « mauvais vin ». Ce n'était pas le vin qui comptait, c'était lui, le maître du jeu. Le jeu de la vie. Il m'a fait comprendre que l'élégance est en nous et qu'il n'y a que cela qui compte. Pour certains, c'est peut-être rien, mais pour moi, c'est tout… Bon, il faut que je file.

– Moi aussi, je vais partir.

Je suis quand même resté assez longtemps pour voir tomber la nuit une dernière fois sur le parc. C'est une nouvelle faune qui occupe l'espace. De très jeunes filles, fortement maquillées, avec des jupes extra-courtes. On dirait qu'elles sont juchées sur des échasses. Des *dealers* de coke. Des voitures faisant le tour du parc de plus en plus lentement. Le visage affamé des hommes d'un certain âge. La danse des fesses étroites et fermes des filles qui évitent de regarder en direction des clients. Seul le corps parle. On salive (le désir comme un chien enragé tenu en laisse). De temps en temps, une voiture de police ralentit : le long regard panoramique du policier. Ceux du parc ne se donnent même pas la peine de faire semblant de se cacher. Je suis resté un moment (quinze ans) à écrire mes livres. Et maintenant, me revoilà. Rien n'a changé. Je vais me lever dans moins de quinze minutes, mais j'aimerais, si possible, qu'à partir de ce moment l'on cesse de me considérer comme un écrivain en activité. Je me sens vraiment très fatigué.

DOSSIER

Chronologie

1953   Le 13 avril, naissance de Dany Laferrière à Port-au-Prince. Il est le fils de Windsor Klébert Laferrière, journaliste et syndicaliste, et de Marie Nelson, archiviste.

1957   L'enfant est envoyé à Petit-Goâve chez sa grand-mère Amélie Jean-Marie, dite Da, et son grand-père Daniel Nelson, officier d'état civil et spéculateur en denrée (café). Cette enfance heureuse sera longuement décrite dans deux livres, *L'odeur du café* et *Le charme des après-midi sans fin*. « J'ai tout appris de cette époque que je considère comme une parenthèse de bonheur dans ma vie », dira l'auteur en 1991 dans une interview accordée au quotidien *La Presse*. François Duvalier prend le pouvoir en Haïti.

1959   Windsor Laferrière est envoyé comme diplomate en Italie et, quelque temps plus tard, en Argentine. Un exil déguisé. Il ne retournera plus jamais dans son pays.

1964   Une épidémie de malaria force Da à envoyer l'enfant à Port-au-Prince, où il rejoint sa mère et ses tantes.

1964-1972   Études secondaires au Collège canado-haïtien, chez les frères du Sacré-Cœur.

1971   Mort de François Duvalier, président à vie depuis 1964. Son fils Jean-Claude lui succède.

1972   Dany Laferrière commence à publier de petits portraits de peintres dans les colonnes du *Nouvelliste*, le plus vieux quotidien d'Haïti. Le directeur, Lucien Montas, guide le jeune chroniqueur en lui suggérant de faire court dans un style simple. « Je n'ai jamais oublié ces deux conseils », dira plus tard l'auteur.

1973   Dany Laferrière fréquente assidûment les grands peintres primitifs (Rigaud Benoit, Jasmin Joseph, Saint-Brice) qui se réunissent chaque samedi au Centre d'art de la rue du Centre. Il visite les galeries d'art, court les expositions des nouveaux peintres modernes dont les chefs de file sont Jean-René Jérôme et Bernard Séjourné. Il travaille alors au *Nouvelliste,* à l'hebdomadaire politico-culturel *Le Petit Samedi Soir* et à Radio Haïti-Inter.

1974   L'auteur s'intéresse à un nouveau groupe littéraire qui fait sensation à Port-au-

Prince : le spiralisme. Leur credo : « Rien n'est définitif en littérature, une œuvre pourrait toujours être améliorée. » L'auteur interviewe pour *Le Petit Samedi Soir* l'écrivain Franck Étienne qui vient de faire paraître une bombe : *Ultravocal,* un livre qui va changer la littérature haïtienne, la sortir, selon la critique de l'époque, du ronron folklorique.

1976   La situation politique se complique, de nouveaux partis voient le jour. La presse montre les dents. Le gouvernement américain exige des élections. On conteste la présidence à vie de Jean-Claude Duvalier. L'auteur, comme journaliste au *Petit Samedi Soir,* est aux premières lignes de ce combat. Le pouvoir réplique en faisant assassiner le journaliste le plus intrépide : Gasner Raymond, ami intime de Dany Laferrière. Lui-même en danger, l'auteur quitte Haïti en secret et arrive à Montréal.

1980   Naissance d'une première fille.

1976-1982 Au Québec, Dany Laferrière fait divers métiers et tente de s'adapter à son nouveau pays. Époque de la drague, du vin, des repas simples, du salaire minimum et des chambres crasseuses et ensoleillées.

1982   Sa femme et sa fille viennent s'installer avec lui à Montréal. Fin de l'époque bohème. Il commence à écrire un roman.

1985   Parution du premier roman : *Comment faire l'amour avec un Nègre sans se fatiguer*. C'est l'un des événements marquants de la saison littéraire au Québec.

1986   La nouvelle Télévision Quatre Saisons engage Dany Laferrière, qui devient le premier Noir à travailler dans la salle de nouvelles d'une chaîne nationale au Québec. Relégué très vite à la météo, il réinvente le genre en sortant le premier dans la rue et en introduisant dans ses capsules un mélange de gaieté et d'humour. Il devient une figure aimée du grand public.

1987   Parution d'*Éroshima*.

1989   Sortie du film tiré de *Comment faire l'amour avec un Nègre sans se fatiguer*. La critique est généralement négative, mais le public est enthousiaste. Le film sera projeté dans plus de cinquante pays. Dany Laferrière devient chroniqueur à *La bande des six*, le magazine culturel de Radio-Canada. Le style des chroniqueurs, libre, direct, dur parfois, fera de cette bande de chroniqueurs des critiques redoutés.

1990   L'auteur quitte tout, surtout l'hiver, avec sa femme et ses trois filles. Il s'installe à Miami (Floride). Il se consacre à l'écriture.

1991   Parution de *L'odeur du café* (prix Carbet de la Caraïbe). L'auteur découvre Miami, cette grande banlieue de

Port-au-Prince. « Je me souviens très bien de cette fenêtre dans ma chambre de travail, qui s'ouvrait sur un grand manguier. C'est cela qui m'a permis d'ouvrir la veine caribéenne de mon œuvre. »

1992   *Le goût des jeunes filles* (prix Edgar-Lespérance).

1993   Parution de *Cette grenade dans la main du jeune Nègre est-elle une arme ou un fruit ?* Plutôt qu'une terre d'exil ou une tour d'ivoire, Miami se révèle pour Dany Laferrière une plaque tournante d'où rayonnent les routes du monde. Il voyage en Europe et en Afrique.

1994   Parution de *Chronique de la dérive douce*. « Je ne sais pas ce qui m'a poussé à écrire ce livre où je reviens sur la première année de mon arrivée à Montréal. Peut-être parce que cette ville m'a terriblement manqué cette année-là. »

1996   Parution de *Pays sans chapeau*. Mort de Da, cette grand-mère adorée qui a illuminé l'enfance de l'auteur et qui est une des figures centrales de son œuvre. Et de sa vie.

1997   Paraissent *La chair du maître* et *Le charme des après-midi sans fin*, ouvrages qui se retrouvent sur les listes de best-sellers au Québec et qui bénéficient partout de critiques favorables. « J'avais l'impression d'avoir passé l'année devant ma machine à écrire et c'était une jubilation extrême. »

1998-2000	Avec la parution du roman *Le charme des après-midi sans fin* au Serpent à Plumes, l'œuvre de Dany Laferrière commence à être largement diffusée en France. Elle fait en outre l'objet de nombreuses traductions dans le monde entier : en anglais, espagnol, italien, coréen, suédois, grec et néerlandais.
2000	Parution du roman *Le cri des oiseaux fous*. « Ce livre, une sorte de portrait d'un père que je n'ai que vaguement connu, m'a littéralement brisé les reins. En l'écrivant, j'ai revécu toutes les douleurs de l'exil (le mien et celui de mon père) et la tragédie de ma mère demeurée seule en Haïti. » Parution de *J'écris comme je vis. Entretien avec Bernard Magnier.*
2001	Parution de *Je suis fatigué*. « Avec ce titre, distribué gratuitement (5000 exemplaires au Québec, 20 000 en France et 5000 en Haïti), j'ai voulu souligner la fin de mon autobiographie américaine en offrant aux lecteurs la "tournée du barman". »
2002	En même temps que *Comment faire l'amour avec un Nègre sans se fatiguer* paraît en format de poche, *Cette grenade dans la main du jeune Nègre est-elle une arme ou un fruit ?* fait l'objet d'une nouvelle édition en format courant. « C'est un tout nouveau livre, déclare-t-il. Je l'ai récrit et augmenté d'une centaine de pages. » Dany Laferrière re-

vient s'installer à Montréal après une douzaine d'années d'absence. « La boucle est bouclée. Le voyage et le retour : les deux plus vieux mythes de la littérature. Ce qui démontre que Montréal est une vraie ville : elle accueille des gens qui n'y sont pas nés, qui la quittent, puis y reviennent. Comme on revient chez soi. »

2003   Dany Laferrière publie tous les dimanches une chronique hebdomadaire dans *La Presse*, où il aborde tous les sujets qui le touchent.

2004   Parution d'une nouvelle édition du *Goût des jeunes filles*, avec un ajout consistant. Première du film *Le goût des jeunes filles*, tiré du roman du même nom, et qui restitue une ambiance festive sur fond de dictature. Première réalisation de Dany Laferrière au cinéma : *Comment conquérir l'Amérique en une nuit* (primé au Festival des films du monde de Montréal et au Festival international du film francophone de Namur en Belgique).

2005   *Le goût des jeunes filles* paraît chez Grasset (Paris). Parution d'une nouvelle édition, revue et augmentée, de *Je suis fatigué*.

Bibliographie*

Comment faire l'amour avec un Nègre sans se fatiguer, Montréal, VLB éditeur, 1985 ; Paris, Belfond, 1989 ; Paris, J'ai lu, 1990 ; Paris, Le Serpent à Plumes, 1999.

Éroshima, Montréal, VLB éditeur, 1987 ; Montréal, Typo, 1998.

L'odeur du café, Montréal, VLB éditeur, 1991 ; Paris, Le Serpent à Plumes, 2001 ; Montréal, Typo, 2005 (1999).

Le goût des jeunes filles, Montréal, VLB éditeur, 1992 ; nouvelle édition revue par l'auteur, Montréal, VLB éditeur, 2004 ; Paris, Grasset, 2005.

Cette grenade dans la main du jeune Nègre est-elle une arme ou un fruit ?, Montréal, VLB éditeur, 1993 (épuisé) ; Montréal, Typo, 2000 (épuisé) ; nouvelle édition revue par l'auteur, Montréal, VLB éditeur, 2002 et Typo, 2002 ; Paris, Le Serpent à Plumes, 2003.

Chronique de la dérive douce, Montréal, VLB éditeur, 1994.

---

* Cette bibliographie n'inclut pas les nombreuses traductions.

Pays sans chapeau, Montréal, Lanctôt éditeur, 1996 ; Montréal, Québec Loisirs, 1997 ; Montréal, Lanctôt éditeur, 1999 ; Paris, Le Serpent à Plumes, 1999.

La chair du maître, Montréal, Lanctôt éditeur, 1997 ; Paris, Le Serpent à Plumes, 2000.

Le charme des après-midi sans fin, Montréal, Lanctôt éditeur, 1997 ; Paris, Le Serpent à Plumes, 1998.

Le cri des oiseaux fous, Montréal, Lanctôt éditeur, 2000 ; Paris, Le Serpent à Plumes, 2000.

J'écris comme je vis. Entretien avec Bernard Magnier, Montréal, Lanctôt éditeur, 2000 ; Paris, Éditions La passe du vent, 2000.

Je suis fatigué, Montréal, Lanctôt éditeur, 2001 ; Paris, Initiales, 2001 ; nouvelle édition revue et augmentée par l'auteur, Montréal, Typo, 2005.

Réception critique

« Le livre de Dany Laferrière, paru en 2001 chez Lanctôt Éditeur, n'est ni un roman, ni un recueil de nouvelles, ni une autofiction, ni une autobiographie concise, mais plutôt – c'est ce qui fait son charme – un amalgame intelligent des quatre genres.

« On y retrouve des fragments d'impressions cocasses sur son passé d'écrivain ou de petit garçon de Port-au-Prince. Ce "zapping" s'avère résolument rapide, l'écrivain affirmant lui-même dans *J'écris comme je vis* (Lanctôt Éditeur, 2001) qu'il faut lire ses livres très vite pour se laisser gagner par le rythme soutenu du récit. Il ne s'apparente cependant en rien à un brouillage télévisuel, le morcellement par brèves pensées et courts chapitres masquant en fait la retranscription éphémère d'une aventure des plus spirituelles. Pour cela, l'auteur va puiser dans sa mémoire des moments "anecdotiques" et d'autres plus "profonds" (même si cette distinction demeure toute relative) comme il irait prendre ses ouvrages préférés par-ci par-là dans une immense bibliothèque, en commentant ses choix à chaque fois et surtout, en saluant les connaissances qu'il croise d'une étagère à l'autre.

« Pourtant, le livre de Laferrière ne fait pas l'impasse sur les problèmes [politiques d'Haïti et d'ailleurs, la colonisation, le racisme, etc.] plus graves [...]. Il aborde ces questions en passant par le filtre de la subjectivité d'écrivain, tout simplement, sans prétendre poser des vérités, en livrant seulement le témoignage d'une vie d'exilé. Son parcours et le récit qu'il en fait tendent à montrer à quel point le vrai cheminement est intérieur. *Je suis fatigué*, ou le récit du voyage initiatique d'un homme qui a (bien) vieilli et qui, à n'en pas douter, n'a pas fini de vivre... donc d'écrire ! »

DOMINIQUE FRINTA
CHOQ-FM, radio UQAM

« Lorsqu'en 2001 Dany Laferrière se déclare "fatigué", il est fatigué, certes, d'écrire, mais "fatigué surtout de se faire traiter de tous les noms : écrivain caraïbéen, écrivain ethnique, écrivain de l'exil" (p. 38). Et le lecteur à qui le monde laferrien est familier admettra facilement que ces catégories ne correspondent pas aux aspirations de l'auteur.

« [...] l'œuvre de Dany Laferrière, s'il faut la situer dans le champ littéraire du Québec, est l'un des exemples les plus fascinants de "l'écriture migrante", bien que les frontières entre les catégories ne soient pas imperméables. Si l'écriture immigrante renvoie davantage à des faits socioculturels, aux difficultés de l'immigration, au passé et à une prise de conscience parfois douloureuse du moi face à l'autre, la littérature migrante fait "migrer" les images "pour déjouer les stéréotypes et les clichés qui encombrent les œuvres". Dans ce jeu, l'appartenance nationale ne détermine plus l'identité culturelle. [...] Même si les littératures nationales réclament toujours leurs auteurs, ceux-ci ont de plus en plus tendance à passer à travers les mailles du filet. Et Dany Laferrière exprime cette réalité de la manière suivante, avec un clin d'œil complice : "Je suis trop ambitieux pour appartenir à un seul pays. Je suis universel." »

URSULA MATHIS-MOSER
Dany Laferrière. La dérive américaine

Table